斯坦福妈妈 著

# 斯坦福妈妈多元思维启蒙

湖南教育出版社

图书在版编目（CIP）数据

斯坦福妈妈多元思维启蒙 / 斯坦福妈妈著. -- 长沙：湖南教育出版社，2020.8
ISBN 978-7-5539-7648-8

Ⅰ. ①斯… Ⅱ. ①斯… Ⅲ. ①家庭教育 Ⅳ. ①G78

中国版本图书馆CIP数据核字（2020）第127092号

斯坦福妈妈多元思维启蒙
SITANFU MAMA DUOYUAN SIWEI QIMENG

斯坦福妈妈 著

出 品 人：黄步高
出版统筹：徐 为
特约策划：卢 俊 薛晓宇 刘艾杰
责任编辑：姚晶晶
封面设计：马啸扬
出版发行：湖南教育出版社（长沙市韶山北路443号）
网 址：www.bakclass.com
微 信 号：极客爸妈
电子邮箱：hnjycbs@sina.com
客服电话：0731-85486979
经 销：湖南省新华书店
印 刷：长沙超峰印刷有限公司
开 本：890 mm×1240 mm 32开
印 张：8.5
字 数：167 000
版 次：2020年8月第1版
印 次：2020年8月第1次印刷
书 号：ISBN 978-7-5539-7648-8
定 价：69.00元

# 大家说

我看教育，大多要在孩子的人生中设好等量的格子，批好同样的脚注。可孩子最是不羁的生物，他们必不应长成同一个样子，度过相似的人生。这本书很特别，它不向父母设限，而是教父母有野心地突破教育理念的桎梏，进而培育出内心丰富的孩子。所以，相信你读了这本书也会受益。

盖茨基金会中国区主席、一土教育创始人 **李一诺**

这本书的主旨是帮助父母解开构建孩子多元思维的密码，既能打造孩子的超级大脑，也能丰富父母自身认知，和孩子一起成长。我始终相信，优秀的人身上是有共性的，如超强的执行力、终身学习的态度、领袖气质，以及快速解决复杂问题的综合能力。这背后，正是思维带来的强大力量。我推荐这本《斯坦福妈妈多元思维启蒙》，因为它可以帮助孩子拥有这些“共性”，掌握拥抱未来的底层算法。

真格基金合伙人兼CEO **方爱之**

这本书值得职场妈妈在信息爆炸的时代依然拥有。其一，它“真”，与金小胖相交十余年，孩子年龄相仿，书中的案例是她多年来亲身体验。其二，它“正”，她不断追问教育的意义、成长的本质，帮助家长们认知如何培养有益终身的能力。其三，它“实用”，大道理容易讲，但是金小胖能给出实用技法，哪本书、什么游戏、怎么样讲故事能让这些理论在生活中落地。希望每个家长有机会看看这本真正实用的《斯坦福妈妈多元思维启蒙》。

麦肯锡商业加速器首席运营官 **邱天**

人生旅程不是定理，而是多元的可能性。作为见证作者一路转型、成功创业、升级为母亲并同为创业者的女性，我想说，这本书不是成功经验的骄傲分享，不是炫耀“别人家孩子”走过的路，而是用真情实感记录了金小胖在养育女儿的过程中，身为人母与孩子一起经历的二次成长，培养孩子自主选择的勇气与判断力，是任何财富与知识难以替代的。

书中“自己骑车送蛋糕”的女生、派悦坊创始人 **王倞**

不平凡的2020年催人思考人生的要义：如果说教育的本质是在爱和学习中成人，那么初为父母就是一场人生的大考。稚嫩的孩子需要父母的呵护，而父母也需要支持和解惑。《斯坦福妈妈多元思维启蒙》正是这样一本书，助父母和孩子在爱中相伴成长，一同构建认知，锤炼思考，学会选择。有幸和作者相识多年，见证她从职场到创业再到网红妈妈知行合一的精彩人生，更深信这部带着对孩子爱与关注的力作能伴读者在为人父母的长路上自信前行。

麦肯锡公司前全球董事合伙人 **彭壮壮**

年轻的父母们读这本书，不仅是因为自己有个小孩子，更因为自己就是个大孩子。我以为，这是一本给像我这样的大孩子们看的书。学生时代，父母在教我们；如今，孩子在教我们。金小胖在养育孩子的过程中有很多思考，有很多关于孩子的成长的领悟，有些体验似曾相识，有些思路相见恨晚，让我受益匪浅。成人世界里我们面对的很多问题，其实是童年时经历的延伸。我很喜欢这本书，启发我在陪伴孩子的过程中复盘自己的童年，也在陪伴孩子成长的过程中，成为更有爱的自己。

知名“80后”创业者、Discuz!伙伴云创始人 **戴志康**

这本书提出了很多方法和技巧，对当下父母会有很多借鉴和启迪意义，我也看到斯坦福妈妈更倡导父母与孩子共同成长的过程中，怎样通过双方心灵的交流把善良、责任感、同理心等做“普通人”的基本要素传承给孩子，使这些“普通人”要素成为孩子的“自驱力”，让“好奇心”成为孩子真正的竞争力。书中很多思维模式都可以给父母以启迪，但是我觉得人生的马拉松不应该只是盯着上斯坦福、进麦肯锡。所以，我一直信奉这样一句名言：“上天应该奖赏平凡，因为它创造了一切！”

北京大学斯坦福中心执行主任 **程嘉树**

一个人内心强大的底气是什么？在这本《斯坦福妈妈多元思维启蒙》中，我看到了更多的可能。在查理·芒格提出的多元思维模型基础之上，这本书中所提出的观点都很有前瞻性。它从升级思维模式的逻辑入手，帮助父母了解培养一个内心强大有底气的孩子所需要的能力系统和提升路径，帮助父母了解如何培养一个未来的成事之人。我愿意推荐这本书，因为我相信它能够帮助父母在教养之路上更睿智、更从容。

诗人、作家 **冯唐**

# 目录

# 推荐序

## 李一诺

### 通过自我成长，为孩子的未来“砸墙”

#### 做自己

当斯坦福妈妈金小胖同学把这本书交到我手上时，我知道她找到了和自己、和世界相处的最佳状态。那就是做自己。

做自己，从来都不易。有不少人都被加诸自身的种种限制困扰，背着没有尽头的“不可以”，在人生之路上跌跌撞撞前行。

别人在我身上能看到很多标签：三个孩子的母亲、分子生物学博士、麦肯锡公司全球董事合伙人、比尔和梅琳达·盖茨基金会北京代表处首席代表、一土学校创始人、“奴隶社会”的主理人。我被问及最多的一个问题，就是：你是怎么做成这么多事的？想要回答这个问题，我们就要成为一个“贪心的人”，不给自己设限，想要就要，想做就做。

金小胖同学也是这样的人。我认识金小胖的时候她还是20多岁的青葱岁月，我有幸一路见证了她的成长。在麦肯锡共事时，她活泼外向、工作全力以赴，又颇有创造力和团队精神。离开咨询行业后，她先是去中科院心理所读博士，后来又进入短视频平台，有上百万的父母跟着她学习如何给孩子做好生命早期的教育启蒙。

我想，这既得益于她对生命不应设限的深度认同，也得益于我们在麦肯锡所受到的专业训练——一套解决问题的方法论以及快速了解一个行业框架的认知能力，帮助我们快速“跨界”，获得真知。又在这样的跨界体验中，不断地发现新的目标，然后果断去执行，从中又发现自己更多的可能，并且享受这些转变所带来的意义。我想，这就是认认真真做自己。

## 做父母

如何才能成为合格的父母？这个问题也是很多次采访中，我都被问到过的问题。

有人说，生育是严肃的生活哲学。当一个人与另一个人有了生命的连接，他们之间应该是一种怎样的关系？我有三个孩子，自己在成为一个合格母亲的过程中，也是充满了挫败感。因为在和孩子相处的过程中，我会不断地发现，很多问题是新出现的问题。于是经常会出现这样一种情况：这一次虽然和孩子解决了问题，但又总觉得自己处理得不够好，希望下一次能更好一点。

那么怎么才能做得更好？

我曾经提出过一个观点，是说所有成年人都应该在一米的高度看世界。因为一米的高度就是孩子的高度，作为父母，就需要了解：什么样的世界对一个孩子或者儿童是友好的？其实很简单，就是蹲下来，在一米的高度，用孩子的视角看问题，与他们真正地保持平等，而不是说说而已。其实，所有的成人都有义务去给孩子创造一个真实、亲密、平等和安静的世界。

在这一点上，斯坦福妈妈和我的想法也是一样的。因为相似的教育观念，我们曾经有过许多次深入的交谈。在书中，斯坦福妈妈也传递了很多这样的观点，比如在“价值思维”中，她提到父母要通过言传身教，帮助孩子建立一套自己的价值系统；在“竞争思维”中，她提到如果想让孩子输得起，首先家长要输得起……这些思维方式，可以让家长朋友帮助孩子凿开在通向未来的道路上的一堵堵墙，是一件非常值得去做的事情。

合格的父母很难轻松做到，所以我们需要在做自己的路上不断地做出改变和努力，其实这也是父母职责的一部分。

## 做教育

教育是成人世界最复杂的事，而最好的教育就是与孩子共同成长。

作为父母，我们应该学会尊重孩子，以孩子为中心去了解他的成长需求，而不是以成人为中心去灌输教育的内容。孩子永远对世界上的一切都很好奇，永远保持热忱，总会问一些匪夷所思的“为什么”。所以，我们不应该让孩子像机器一样，只学我们告诉他的东西。我们要做的就是引导他们发散思维，只有思维不被限制，才有可能培养出一个全方面发展的孩子。

这一点，在金小胖的书中也有着充分的体现。她把多元思维和教育紧密结合在一起，从而让孩子能够多方面看待问题，丰富眼界，发现自我，自由且快意地成长。

要成为合格的教育工作者，就必须努力和孩子一起成长。孩子就像一棵植物，能不断发荣滋长，而父母很难完全跟上孩子的脚步。如果没有孩子，很多问题我们可能没有机会遇到。而且，有很多我们认为理所当然的事情，其实孩子会用另一种视角来挑战我们。孩子是很犀利的，我们跟孩子的很多对话，甚至会让我们反思自己……这是孩子赋予我们的一种天然的反馈机制。而我们应该把握这种即时的反馈，不要时时否认他们，而是用更开放的大脑去理解孩子。

阅读这本书的过程，就像是一次酣畅淋漓地开放思维、向阳而生的过程。我期待有更多父母能够加入先提升自我，再反哺孩子教育的道路上来。

金小胖同学把投资家查理·芒格推崇的、“得到大学”推崇的多元思维模型，加入自己的独特视角，并且把所有思维场景化还原到我们每一个家庭的生活日常，为父母和孩子共同赋能。

所以这本书很特别，它不向父母设限，而是教父母有野心地突破教育理念的桎梏，进而培育出内心丰富的孩子。相信你读了这本书也会受益。

**盖茨基金会中国区主席、一土教育创始人 李一诺**

# 推荐序

## 方爱之

### 打造多元思维　创投宝宝未来

我做天使投资，已经有9年的时间了。在生了宝宝之后，我渐渐发现，父母和孩子之间，也像是充满无限可能的创业者和天使投资人之间的关系，不同的是，父母又做了孵化器。樊登老师曾说，需要给孩子毫无条件的爱与尊重、终身成长与迭代、价值感这3个支柱，这和天使投资也是有异曲同工之妙的。

每一个孩子，天生都是优质的投资项目和创业者，在人生的赛道上，他们的表现各有千秋。但是这么多年来，我作为投资人，更愿意选择投资那些具有更丰富认知和思维模型的人，他们身上具备一种解决复杂问题的多样性能力，能够更好地应对未知的挑战。而那些思维不太活跃的人，往往看不到问题的本质，也找不到解决问题的办法，遇到困难很容易止步不前。

最近，我收到闺蜜金小胖递来的即将付梓的新书《斯坦福妈妈多元思维启蒙》，心中十分惊喜。惊喜其一是，我的好友又完成了人生中的一件大事——出书。果然是她，依旧如此有弹性、能坚持，可以让自己用心浇灌过的领域开出花来。惊喜其二是，这本书的主旨正是帮助父母解开构建孩子多元思维的密码，相信各位妈妈在阅读的过程中也会像我一样，有酣畅淋漓之感，既能学会打造孩子超级大脑的技巧，也能丰富自己的认知。细细读来，《斯坦福妈妈多元思维启蒙》的理论讲解深入浅出，举证实例恰当动人，解决措施简单有效，真正是一本妈妈读懂之后，可以快速上手实操的未来儿童思维养育教科书。

书如其人。

还记得2008年，我与她一起攻读斯坦福大学工商管理学硕士学位，那时她就具备超强的坚持力与执行力，能够有条不紊地安排自己的精力与时间，应对繁重的课业压力。2016年，她从职场高管的身份中华丽转身，开始创业。在过往丰富经历与经验的基础上，瞄准新领域，协调多个部门、多方资源，稳步发展公司的既定规划。与此同时，她还很好地兼顾了孩子的陪伴与教育，把哼哼教成了一名熟悉中文、英语、西班牙语3种语言，坚韧自信，乐观向上的小朋友。

我也是一名职场妈妈。曾经，我不相信事业和家庭是可以平衡的。幸运的是，我的孩子和斯坦福妈妈的宝宝差不多大，她非常热情地跟我交流育儿经验，向我推荐了吉娜·福特的《超级育儿通》。通过这本书，我让孩子们养成了在固定时间吃饭和睡觉的习惯。这样一来，我就能在他们入睡后安排工作会议或者商务应酬了。孩子养成良好的作息，也让我能够更好地管理自己的时间，找到了事业与家庭的平衡点。

无论是发展自我还是养育孩子，这背后一定是有她强大的思维能力在支撑的。思维决定行为。一路走来，我见证了她的成长。正因为她具有自驱力思维，所以才不安于现状，能够不断突破自己的边界，完成从职场人到CEO的转变；因为她具有协同思维，所以才能够很好地与周边的人合作，共同完成一件从0到1的事情；因为她具有价值思维，所以才能合理安排公司与孩子这两个“宝宝”之间的关系，不会顾此失彼。

一位优秀职场人的成功，一位好妈妈的出现，绝非偶然。锻造好自己的底层思维，人人都可以成为下一个“斯坦福妈妈”，未来充满无限可能。

我本人并不是专业的育儿师，不能有针对性地从养育孩子的细节层面给大家推荐本书。但是，9年来担任天使投资人的经验告诉我，优秀的人身上是有共性的。或许，我可以从这个角度来给大家讲一讲底层思维能力构建的重要性。

在判断一个创业项目是否值得投资时，我们通常会着重观察项目创始人是否具有以下几种素质。

第一种是学习能力。学习能力并不完全等同于学历，很多人都将二者简单地联系在一起，这是十分错误的。只要创业者在垂直领域上有深度认知、在知识层面上有广泛了解，能够不断自我成长与迭代，具备知识迁移的能力，他就能同这个时代一起奔跑，迅速察觉环境的变化，不断学习，以应对时代的新需求。

这一点与本书第1章内容不谋而合。自驱力思维让父母帮助孩子在不断的选择中找到奋斗的方向；学习思维让父母了解哪几种基本能力是孩子所必须具备的，以及帮助孩子培养学习习惯的措施；演化思维让孩子敢于拥抱不确定性，迎接未来的挑战；融合思维让孩子举一反三，提高学习效率。

第二种是个人影响力。一个具有人格魅力的人，通常善于表现自己，能够说服他人达成合作，吸引优秀的人紧紧追随，放大成事的能量。这也是新东方取得成功，阿里巴巴拥有江湖地位，小米有惊人爆发力的原因。一个人具备人格魅力，至少可以证明他具有分享的意识，容人的胸怀，以及出类拔萃的能力。

第5章关于个人影响力的深度解读，能够让父母帮助孩子获得这种思维。格局思维让孩子纵览全局，心胸开阔；协同思维让孩子链接自己与他人的优势，树立开放的心态；领导力思维让孩子在尊重个体的基础上，主动承担，解决困难，不断反思与进步；竞争思维让孩子变得积极向上，勇敢自信，学会互利共赢；信用思维让孩子守住底线，做到心口合一，知行合一，对己诚信，对人诚信。

第三种是做事的能力。我们常常能听到别人的奇思妙想，可真正能落地执行的人却少之又少。但没有行动，再精美的构想也只是空中楼阁，毫无价值。第3章中，主要讲解了行动者思维、工程思维、目标思维、复利思维与风险思维，告诉父母，应该怎样帮助孩子树立目标感，有节奏、模块化地持续行动起来。并且，我们还要让孩子考虑到事情可能发展的最坏结果，争取每天进步一点点，以达到行动的最大效能。

这并不仅仅是我个人的浅见。世界经济论坛（WEF）发布的报告《工作的未来》中也指出，孩子具备解决复杂问题、批判性思维、创造性、人员管理、与他人协作、情商、判断与决策、服务导向、谈判、认知转换等十项核心能力，是在未来获得成功的关键。而这些能力之花，正是在种种思维能力土壤的滋养下才获得生长的。因此，妈妈们阅读本书，有着非常必要且持续的价值。

在这里，我恳切地呼唤，父母们不要再紧盯着奥数班与钢琴班了。如果您想让自己的孩子获得持续发展的燃料，就请您帮助他，建立真正有价值的底层思维。但我们并不是说，让每个孩子都千篇一律地具备书中提到的所有思维能力，这也是不可能做到的事情。只要保持基础思维不掉队，再根据孩子的特长与兴趣，打造专属于他的核心思维能力，就足以让孩子走在时代的前列。

纵使世间纷扰，我仍希望孩子们能坚守内心，拥有破茧成蝶的勇气与能力。不断验证自己能力的边界，寻找天赋、能力与未来愿景的交叉点，成为具有高度自我价值感，同时也能反哺社会的人。

真格基金合伙人兼CEO 方爱之

# 自序

## 风物长宜放眼量：养娃也需将视线拉长远

这本书的源起，来自34岁时候的一个决定。彼时，我刚帮助妈妈赢得了与晚期癌症的第一次交锋。同期，我进入新的管理岗位，作为一行代码也没写过的商科生，开始挑战主持互联网产品设计研发的工作。在生活与职场充满变数与压力之际，我怀孕了。我想，既然那么多挑战都不能打败我，那么我应该可以相信自己能够当好一个妈妈。于是我决定生娃。

一年后，孩子出生。再一年，我开始创业。再一年，母亲离去。再之后，命运持续对我进行打击：我接连遇到了创业受挫、婚姻受挫。生活仿佛是看见了我的战斗姿态，于是准备好了更多的挑战与狗血，故意来考验我当妈妈的能量值。

回头看，我成长中所形成的思维习惯和与自我对话的能力，成了低谷时我最宝贵的财富。在最沮丧和最疲惫的三个月中，我也特别注意保证自己不少吃一顿饭，每天睡眠不少于6小时。保存好基本能量，让我能更快爬出低谷，避免抑郁。更重要的是，我发现自己始终可以从当妈妈这件事上找到很多乐趣。譬如陪伴孩子读绘本是一天中非常幸福的时光，我常常可以在小孩子的书里读到世界最初的美好。随着孩子能说的话多了起来，我发现小孩子的表达中时常有一种可爱的通透，他们活在当下的天性时常会提醒我们这些疲于奔命的大人也要享受现在。与孩子的对话也常常带给我不少对教育的灵感。我发现，真正进入孩子的视角，可以找到一种天真的乐观，看待很多成人世界复杂的问题也会有意外的答案。我于是找到了与生活的和解。

也是在这个时期，我对于外部世界的好奇心和表达欲开始恢复了。这时，我无意中发现了抖音这个窗口。彼时抖音内的亲子教育类内容总体看起来质量不高，很多育儿视频的套路痕迹明显、逻辑也不堪推敲。我开始思考：我是不是可以做得更好？数据分析是我的老本行，对于算法分发我也略知一二，那么，把这两者和视频内容结合起来会怎么样？我尝试着把自己的一些育儿经验做了几条视频内容放在抖音上，没想到竟然就这样开启了高龄网红之路。这段路上，最令我开心的是收获到很多人的认可和陪伴，让我知道育儿路上自己并不孤单。

为了帮助更多的人解决阅读、育儿的困惑，我花了大量时间与抖音的粉丝对话、与教育专家沟通。我看到，很多时候父母的焦虑，来自过于沉浸在眼前的困难和挑战中：譬如，孩子不吃饭怎么办、孩子不专注怎么办、孩子不爱读书怎么办，等等。我发现，如果父母过于纠缠眼前的困难，反而容易忘记长远来看对于孩子成长来说更重要的事情——孩子品格的培养、内驱力的建设等。就像互联网界有一句名言，不要以战术的勤奋来掩盖战略上的懒惰。

大家都是一天只有24小时，那么，如何在有限的资源条件下因地制宜地帮孩子选择适合自己的发展之路？这，就是战略层面的问题。同时，即使父母觉得自己替孩子选择道路时想得很清楚，但父母是否真的了解自己的孩子，是否可以一直对孩子的自主选择有很大的影响力呢？

我的第一份工作是做管理咨询顾问，专注企业战略。这是一个向商界精英输出影响力的行业。最高级的影响力，是将观点输出给对方，还让对方认为是自己思考、选择的结果。想要做到这一点，需要深入的行业洞察、对方的决策偏好模式研究以及正确的沟通姿势。当了妈妈以后，我发现，这种思路在孩子的家庭教育中同样可以适用：

· 行业洞察：孩子成长和认知发展规律的学习。

· 对方的决策偏好模型研究：观察孩子的性格特点、阶段性的兴趣点和行为模式。

· 正确的沟通姿势：引导而非灌输。孩子越大，越给他自主选择、试错的空间。

当然，教育孩子一途向来繁琐又艰难，只运用商业策略对孩子进行分析其实并不完备。所以，在进行了分析、评估之后，我还将自己在教育领域的所学融会贯通进来，力求让养育孩子、成就孩子的路径变得更加清晰可见，更加科学严谨。

养育女儿哼哼五年，我将自己遇到的困境、抖音上父母们的疑惑汇总，再抽丝剥茧，寻找到了解决这些原始问题的大策略。我希望通过父母主动去加固孩子的底层思维，用非同质化的有深度的思考来打好基础，走向未来。我把自己的思考分享给很多身边的朋友以及抖音上的父母。大家纷纷告诉我：有效！通过思维进步来改变行为，这能将父母从无限“勤奋的育儿战术”中解脱出来，无疑是更好的养育策略。于是，我将如何培养孩子的底层思维能力集结在了这本书里，希望更多的人能从中受益。

我没有足够的运气，养娃的大部分时候我已经没有妈妈可以指导我怎么做好妈妈。但我有一颗大心脏，我会不停努力，与世界连接、与孩子连接，去研究、观察、思考和实践。

我希望有一天，我的女儿当了妈妈的时候，这本书的内容依然不过时，可以带给她些许启示和力量。

是为序。

# CHAPTER 1 自主学习力

如何不用逼，
孩子就能好好学习

# S 自驱力思维

## 孩子做事“3分钟热度”怎么办？

大概30年前，就在我快上小学的时候，妈妈在报纸上读到：英语是未来21世纪人才的重要工具。上了学，老师们又说：“学好数理化，走遍天下都不怕。”于是，早在新东方、学而思成立以前，我大概已经成为中国第一代在三线城市积极自费请老师专门辅导英语和奥数的学童。

30年的时间，让娃抢跑的“鸡娃”思维已经在中国处处开花，望子成龙望女成凤的爸爸妈妈促成了一家又一家课外辅导公司走向自己的黄金时代——超强现金流甚至成功上市。等我自己当了妈妈，赫然发觉北京地区的教育“军备竞赛”已经让无数“前浪”们望洋兴叹。

可是，仍然有一个问题萦绕在无数的爸爸妈妈面前：孩子不会主动学习。

我是“80后”，我们这一代人的成长经历大概证明了应试教育的胜利与孩子未来的幸福感无关，甚至也与孩子未来的事业成功关系不大。众所周知，当今社会存在着一种“好学生现象”，即各行各业中的头部人才大都不是上学时成绩拔尖的“好学生”。而依据我对身边优秀伙伴的观察，情况也确实如此。这种现象产生的根本原因，是很多好学生努力学习的目标是父母、学校赋予的，这种体系化的、长久的目标让孩子过早地失去了自己选择目标的权利与能力。当他们走出社会后，失去外部系统压力，驱动力也就消失了，成长也就因此放缓。

我认识的一位重点小学老师，对自己孩子成绩的要求极高，对学习管得极为严格，如果孩子得了98分，都要受到严厉的批评。可他的孩子考上大学之后，却完全放弃了学习，甚至在其他方面也完全“躺平”，就是因为来自“妈妈系统”的压力不见了，孩子内在的学习动力也就随之消失了。而一些上学时成绩不太理想的学生，往往在犯错、试错、修正的过程中，找到应对失败的方式，形成内心的能量体系，积累勇气和冒险意识，实现自我驱动。由此可见，自驱力这个复合能力，成为帮助孩子在人生“决斗”中胜出的关键。我从一所比较普通的大学进入麦肯锡，再到考上斯坦福，并非由于成绩出色、智力超群，靠的就是内心自主驱动的那股劲儿。

因此，把视野拉长来看，解决孩子不会主动学习、学习“三分钟热度”的问题，并不是孩子应该读什么绘本、玩什么玩具、上什么网课兴趣班就可以解决的简单命题。恰恰相反，长期的专注投入只能来源于发自内在的驱动。

那么，可以怎么培养孩子的自驱力呢？我的建议有四条。

**第一，让孩子自主选择，并承担结果。**

引导孩子做选择，要注意让他自己承担后果。不断地取舍、试错、承担，孩子才能逐渐完善自我意识，找到真正的自驱力。

哼哼3岁的时候，我带着她去崇礼滑雪。当时，崇礼温度已经低到−30° C，室外很冷很冷，可是哼哼却一定要穿着秋衣秋裤出门。我想了想，然后跟哼哼说：“好。”阿姨担心哼哼感冒，追着要给孩子穿上厚衣服，被我拦了下来。我跟阿姨说：“你不用追出去，这么冷的天，她很快就会回来，短时间内孩子冻不坏的。”果然，仅仅十秒钟，哼哼就自己跑回来了，主动要求穿衣服，表示以后不会再这样出门了。

类似的情况很多父母都经历过。孩子对外界的了解不够，难免会做出一些在大人看来很不切实际的决定。我之所以答应哼哼能只穿着秋衣秋裤出门，就是想让她明白，自己做出的选择，结果无论好坏，都只能自己负责。当然，父母一定要提前做筛选，如果涉及人身安全、社会道德的选择，是不能任由孩子做的。

没有选择权的孩子会丧失选择能力，陷入被动的怪圈，失去自驱力与自我价值感，成年后再想找回会很困难。孩子没有选择权，还会造成亲子关系紧张，父母主动“管理”孩子的学习与生活，孩子毫无热情又不愿配合。这样的对立势必会加剧孩子的负面情绪与无力感。

**第二，让孩子自主取舍，但不是掉进延迟满足“陷阱”。**

有一次，我带哼哼外出，在餐厅门口有人在卖各种小动物形状的气球，特别可爱。哼哼就蹦着脚，想要一个小狗气球。本来，我们说好到旁边商场的书店里买一种棒棒糖。我确实走得有点累，就“灵机一动”，想应用延迟满足理论，同时训练哼哼的选择能力。于是，我问她：“你是想要这个气球，还是想要那个棒棒糖呢？只能选择一个哦。”

按照我对延迟满足的理解，哼哼可能会选气球，因为气球就在她眼前，她当即就能得到满足，这样我们也就不必走到商场去了。哼哼能禁受住这个诱惑吗？哼哼蹦跳着，小脸上写满了兴奋：“两个都要！两个都要！”我很认真地说：“人生不可能什么都得到，妈妈的钱是有限的，你现在只能选一个呀。”哼哼想了想，咬了咬嘴唇，说：“那还是去买棒棒糖吧！”我继续拿着气球追问：“真的不要气球了吗？”“嗯，不要了！”虽然这样的选择，我还要跟她走一段挺远的路，但我心里很开心，哼哼知道为了自己的目标忍耐，她懂得了为自己的需求排序，能够做取舍了。

在孩子做取舍的过程中，父母要进行判断——孩子是勇于攀登高峰的性格，还是谨慎保守的性格，如果觉得孩子对于挑战、自控还没有做好准备，就不必刻意引导延迟满足，给予孩子足够的安全感、幸福感也是父母非常重要的功课。不过，我会激励孩子遏制自己无限蔓延的欲望，让她体验节制感。

要知道，不是所有孩子都适用延迟满足，过度延迟满足还可能造成不良影响。不能得到满足的人，内心会变得非常贫瘠。适度满足和及时满足的分寸很难拿捏，我常常在想，如果能有一把尺子来衡量就好了。可是，教育难就难在，需要家长自己根据观察，拿捏分寸，给出适配方案，然后再不断迭代、优化方案。

**第三，引导孩子做选择，及时给予正向反馈。**

正向反馈是孩子兴趣形成的必备要素。如果孩子一直得不到外界的正向反馈，内心就不会有愉悦感，兴趣也就很难形成，自驱力更是无从谈起了。人在真正了解自我价值之后，就不会再去介意外界的评价，但这需要一个比较漫长的建设过程。

哼哼三岁半，特别喜欢玩拼图，能趴在地上一个半小时不动，只为了把一幅100块的拼图拼好。我给哼哼的正向反馈有以下几种。口头鼓励和赞扬自不必说了，我还会为了等她拼好一幅拼图而推迟吃饭时间；把她做好的拼图刷上胶装上镜框挂起来；在她完成拼图的那一刻，让全家给她掌声……哼哼又开心又有成就感，从此，拼图就成了她的兴趣，甚至一个小特长。也就是说，自驱力除了能帮助孩子提高自控能力，还能帮助孩子实现真正的天赋自由，就是我们常说的自我实现。

自驱力的形成是一个逐渐夯实的过程，不是简单地做一两次取舍就能够实现的。只有一次又一次地叠加选择，并在现实生活中不断地检验，才会慢慢积累起信念，逐渐形成自驱力。

注意，当我们把选择权交给孩子时，他们一般会在基本欲望和兴趣之间进行选择。随着次数的叠加，两者会慢慢区分开来；两者都能够让自身愉悦，但兴趣肯定是超越欲望的。父母可以给孩子有限的选择，让他们进行排序。当一个兴趣能持久到让孩子放弃很多其他条件时，这可能就是他真正的兴趣了。

当然，父母如果只是鼓励，或仅用“你自己选择就好好坚持”的言语对孩子进行“绑架”，对于孩子持续自我驱动，并没有太大帮助。父母需要做的是，仔细观察孩子的行为，发现、尊重并支持孩子的兴趣点，同时做孩子成长的“脚手架”——给予相应的资源支持，帮助孩子把兴趣点发展成技能点。

哼哼小时候特别喜欢抠抠、捏捏。于是，我多次和北京几家不同体系的幼儿园园长交流沟通。很多园长都说，开放式的构建类游戏对塑造孩子空间思维和想象力非常有帮助。从哼哼1岁左右的软胶积木入手，到2岁以后的大颗粒乐高、橡皮泥、鬃毛拼插玩具，到3岁以后的磁力片、齿轮积木等，我不断地挑选有趣的构建类玩具买回来跟哼哼一起玩。我发现，孩子对于基础玩法有了自信后，在大人的鼓励下，还可以不断地探索创新。不管是生活里还是卡片里见到的建筑物、动植物，都可以给孩子带来创造的灵感，搭建很多有趣、神似的造型。孩子的想象力有了具体的实现依托，也会进一步刺激孩子继续创造的热情，4岁以后会开始用不同的玩具材料混搭构建。今年春天，哼哼悄悄告诉我："妈妈，我长大以后要当建筑师，因为我会设计大房子！"我心里一喜，在建造上，哼哼找到了她的自驱力。这个目标，由她自己发现、自我呈现。我跟哼哼说："非常好，那你知道要当一名优秀的建筑师还需要学好什么吗？"哼哼摇摇头。我继续引导："你还需要学好数学、物理和美术。数学和物理学得好，你的房子才不会倒；美术学得好，你的房子才会美。"

我希望能在哼哼找到自驱力的同时种下一些种子，让她了解目标实现的路径。等她上学遇到数学课、物理课和美术课时，心里也会很清楚，这些课程之于她的意义。

这里还需要特别提醒的是，父母要帮助孩子区分兴趣点和欲望。比如，看动画片是简单的欲望，而非兴趣，一定要排除在外。如果孩子暂时没有相对持续的兴趣点，父母也不要着急，可以创造相应的环境，根据孩子的个人特质引导建立兴趣。

苹果创始人史蒂夫·乔布斯说，要听从自己内心的声音，去做自己想做的事。这个声音便是指孩子经过千万次选择之后，内心出现的最强声音。由此，孩子会获得内心真正的秩序感。这种内在秩序是自驱力、使命感促使的，充满着他对生命的执着。如果孩子的生命无法被自驱力擦亮，就不太可能真正找到人生方向，也就不能体会锲而不舍的意义。

这是一个比拼1万小时定律和精细定位的时代，孩子们只有找到自己的人生目标并为之奋斗，才有可能成为新时代的成功者。

人生是一场马拉松，抢跑的领先优势非常有限，有了驱动力后再寻找到下一个驱动力才是给孩子的用之不尽的财富。

**福妈方法论**

1.让孩子自主选择，并承担结果。在不断取舍、试错、承担的过程中夯实自驱力。在这个过程中，父母要注意区分兴趣点与欲望的关系。

2.让孩子自主取舍，但不是掉进延迟满足“陷阱”。

3.引导孩子做选择，及时给予正向反馈。

# S 学习思维

## 孩子做事畏难怎么办？

我们在生活中经常能看到这样的现象。很多家长要么抱怨孩子无所事事，不求进取，要么觉得孩子每天都晕头转向，不知所措。其实，前者就是一直处在舒适区，后者就是一直处于焦虑区。待在舒适区就是一直在自我重复，没有进步，表现出来的状态是一学就会、一考就砸；而处于焦虑区是面对困难总是生出无能为力的恐慌，表现出来的状态就是干什么都畏难。那么怎样才能避免这两种状态呢？就是让孩子始终处在学习区。很多家长不明白学习区的意思，以为让孩子处在学习区就是不断地去做作业、背诵、刷题，其实这些都是非常片面的对于“学习”的认知。

那么什么才是真正的学习思维呢？心理学家将学习思维概括为“个体所具有的、能够引起行为或思维方面持久变化的内在素质”。说白一点儿，就是一个孩子要学会让自己处在一个不断更新和迭代的状态之中。学习思维的本质，就是用大脑重塑的方式，不断去迭代个人的认知能力。

一个人的学习能力包括很多方面，比如理解力、探索力、创造力、语言表达能力等，这些素质决定了一个孩子的学习能力，会极大地影响孩子的思考和获取新知的效率。作为父母，就是要想方设法在上学前帮助孩子树立学习意识，掌握学习方法，提升学习能力，养成良好的学习习惯，让孩子成为终身学习的强者。

若想提升孩子的学习能力，首先要让孩子具备学习意识。人天然具有学习意愿，思考和学习是人的本能。帮助孩子找到自驱力，就是帮助孩子找到了主动学习的根源。学习意识的背后是思维方式的提升。有人说，未来是人工智能的时代，我们很难想象孩子的上限到底在哪里。但有两种能力依然是不可或缺的，那就是理解力和探索力。理解力是孩子进入世界的基础，能够帮助他与外界有效交流。探索力是创造力的基础，可以保持住孩子对新事物的兴趣。

“为什么飞机可以飞上天？”“为什么烧水时有蒸汽冒出来？大海在阳光的照射下也会散发出蒸汽吗？”孩子的好奇心与生俱来，简直是一本行走的《十万个为什么》。提问题是孩子探索力的外在表现形式，当孩子提问时，父母千万不要觉得不耐烦，或者只说不知道。如果孩子的问题经常得不到答案，他就会慢慢丧失好奇心，陷入被动学习的困境。父母如果不了解，可以积极地与孩子共同去查找答案，这样孩子也能了解查找答案的手段。例如，哼哼很喜欢恐龙，我们俩常常去百度上查询不同恐龙的英文名字并一起在网上听它的英文发音，哼哼由此记住了世界上最长的恐龙英文名字（micropachycephalosaurus）。

学习兴趣的激发，需要用助推和顺应的方式去实现。它最不需要的就是很多父母常用的强制。和孩子一起探索答案的过程，还可以在潜移默化中让孩子明白，即使是家长也不需要是全知全能的，探索式学习是个持续终身的习惯。希望孩子可以在这样的练习中保持对世界的好奇心，不迷信个人权威，收获自己提出问题、探索答案、收获认知的乐趣。

而学习能力是在学习体验中产生的。孩子的学习体验其实从出生后就开始了，吃奶，吃手，碰到一切新鲜物体都试图塞到嘴巴里尝一尝、用手摸一摸，把物体扔到地上观察破碎的过程，手脚并用地爬行，蹒跚学步，牙牙学语，数数字，背古诗等，都是孩子面对陌生的新世界开始学习实践的一部分。其实每个孩子都是天生的学习者，这是刻在人类基因里的。而3岁以后孩子学习能力的不断提升，需要父母有针对性地培养。我之前采访过北京一所国际化双语学校的校长，这位执教30年的特级教师提及，在学龄前甚至一直到小学四年级以前的阶段，孩子能学到多少知识并不重要，重要的是学会如何学习。如果父母了解与学习能力相关的素质，并有意识地加以引导，孩子的学习能力就能更快速、更系统地发展起来。这是送孩子去补习班、每天钉着孩子写作业不可能达到的效果。

学龄前，提升孩子的4个关键学习能力：

### 1. 阅读能力

阅读是人类文明和智慧传承最古老也最有效的方式，也是孩子认识世界的方式。

学龄前的亲子阅读所承载的，不仅仅是帮助孩子增长知识，更重要的是亲子情感的成功链接，以及帮助孩子打开认识世界的窗口。前文提到的北京国际化双语学校校长斩钉截铁地告诉我，他们完全不关心孩子学前的识字量，因为教学经验证明，所有机械的识字方式包括拼音带给孩子的优势，到了一年级下学期也就被消耗光了。比起识字量，幼小衔接中更重要的是学习思维的建立。而在学前听父母讲过大量绘本故事，特别是父母在讲故事的同时还和孩子进行过启发式的对话，孩子上学后的思维优势都明显更突出。

阅读是写作的基础。擅长写作文的孩子无一不是从小进行大量阅读的。但同时，大量阅读并不能完全保证孩子一定会写作文，阅读过程中孩子的思辨、思考是非常重要的。这也是为什么早期的亲子阅读不应该被故事机替代，是因为目前的机器还无法像父母一样在读故事的时候回应孩子的好奇心。在阅读中，孩子对于生活里所见所闻的联想和向父母发起的十万个为什么的提问，正是孩子形成学习思维的过程。

阅读能力还是一切学科和技能学习的基础。从短期来看，阅读能力是数学能力的基础。一位数学特级教师告诉我，她的经验是，到了小学高年级，80%的孩子是因为阅读理解能力没有跟上，复杂的数学题连题目都看不懂，从而导致数学不好。因此，在为孩子选择图书时，不要只局限在文学类作品，数学启蒙类、科普类、非连续性文本类阅读也都应该兼顾到，这会让孩子的阅读能力更加全面。从长期来看，信息爆炸时代，学习资源铺天盖地，当孩子拥有了获取和甄别信息的能力，再具备好奇心与目标感加成的时候，就能真正地完成自我教育。回想一下我们的人生经历，不管是在工作中还是在当父母这件事情上，也有很多知识都是即时习得的。所以，阅读是塑造孩子一生的基础学习能力。

### 2. 独立性

我们“80后”这一代人是在相对趋同的价值观体系里成长起来的，大部分有条件的家庭都把读书视作孩子的唯一出路，因此培养了不少高分低能的小孩。时间线拉长到上了大学、走入社会工作后，生活自理能力对于孩子成人、成功的重要性就越发凸显了。也就是说，我们应该把成长的责任还给孩子。

这里，我有两个小建议：一是可以让孩子独立完成没什么风险的小事。比如，鼓励孩子做家务、养动物或者植物，或是给小伙伴挑选礼物。这种难度不高、危险度低的小任务，能够让孩子体会到独立完成所带来的成就感。二是鼓励孩子越早独立越好。比如，从两岁多开始，让孩子学习摆餐盘、系扣子，从小事做起，一步一步引导孩子独立做事。

### 3. 数学思维

大概是被自己小时候的数学考卷吓怕了，关心数学早教的父母特别多，甚至经常有不满半岁的孩子的父母来问我数学启蒙怎么做。

这种心情我特别理解。虽然我上学时在数学方面是比较有天赋的，但当了妈妈后也不可能全然淡定，特别是看着哼哼不明白1+1=2的时候，也会想是不是孩子的基因随了爸爸。为此，我读了大量怎么教孩子学数学的著作，譬如，罗莎琳德·查尔斯沃斯的《3～8岁儿童的数学经验（第五版）》，乔·博勒的《这才是数学》，孙路弘的《妈妈教的数学》，陈凤伟、常青藤爸爸的《每个孩子都能学好数学》等。

通过大量的阅读学习，以及向有经验的小学数学老师请教，我认知到在孩子的前运算阶段（瑞士著名心理学家皮亚杰的儿童认知发展理论中认为，2～7岁的孩子处于前运算阶段。在这个阶段，儿童可通过语言、模仿等进行符号化的具象认知），机械的刷题式启蒙对孩子的发展有百害而无一利。对于学龄前的孩子，数学的启蒙其实可以分为数感启蒙、几何启蒙、逻辑启蒙、时间认知这四部分。其中，时间的认知在5岁前主要让孩子有整点的概念就好。几何启蒙和逻辑启蒙其实在孩子日常的绘本阅读（详见附录“启蒙类绘本清单”）和玩耍中就可以实现，如磁力片等构建类玩具对孩子空间结构感的启蒙，益智类桌游中熟悉游戏规则和练习对于孩子逻辑能力的锻炼。

当然，我知道大部分家长最关心的数学能力是算术。对应这一部分内容，我认为培养数感才是开启孩子数学脑的关键。数感并非运算本身，却是孩子真正理解数学运算的前提条件。很多孩子在一二年级算术不错，三年级以后逐渐掉队，出现了所谓的“三年级现象”。拿一位数学特级老师的话来说，就是“三年级现象是个伪命题，根本不是孩子到了三年级不会，而是他在一二年级就没真正学明白”。正是由于提前进行机械式的演算训练，孩子在死记硬背中看起来掌握了加减法，但实际上并没有理解数学逻辑本身。帮孩子建立数感，恰好能够帮助孩子真正理解什么是多、什么是少（如数量、质量、高度等），感受数学的生活应用和趣味，在孩子大脑里把抽象的数学概念和实物建立链接。

那么到底怎么帮孩子建立数感，让他们真正理解数学的概念呢？对学龄前儿童来说，数学其实是特别抽象的概念，在生活中抓住经验和孩子做引导对话是特别好的方法。比如，2岁的孩子说：妈妈，我明年是不是5岁啦？我们就可以跟他一起来数手指，看看2岁加1岁是几岁，再加1岁是几岁，到5岁之间还有几根手指，这就是基础的加减法数感启蒙。

4岁的孩子拿出一包糖果给小朋友们分，我们可以问他：你觉得这些糖果够大家分吗？你猜每人可以分几颗呢。孩子一定不知道答案是什么，我们可以和他一起，一颗一颗地把糖果发给每个人，边发边数。最后再数数每个人有几颗。这就是基础的乘除法的数感启蒙。

绘本也是非常好的辅助工具。比如，我推荐过的G.V. 西纳顿的儿童认知类的书，就设计了很多可以亲子互动的对话，特别适合不知道怎么和孩子互动交流的家长上手；还有学乐出版社的《学乐数学分级：美国儿童数学思维训练课》（level Ⅰ 适合2~5岁的孩子，level Ⅱ适合3~6岁的孩子），把本来枯燥抽象的数学概念变成一个个图画故事，吸引孩子主动来学习。

蒙氏幼儿园在数学启蒙方面也是出了名的优秀，他们有很多有趣的教具，非常强调按照孩子的客观发展规律来进行教学。在孩子5岁前绝对不让孩子进行任何运算练习，但是会让小孩抓住一切机会数数，不停地把抽象的数字和实物之间的联系建立起来。蒙氏幼儿园的老师会反复告诉家长，不要着急算题，跟着孩子的成长节奏来——到了5岁左右，孩子的数学能力会开始飞升。在这样的对话中，我半信半疑地看着我的女儿从2岁进入蒙氏幼儿园的小小班开始，在幼儿园里整整数了两年豆子——只数从1到10。比如，1的数字卡片下摆1颗豆子，2的数字卡片下摆2颗豆子，依次类推。点数对象会从豆子到玩偶到乐高积木不停替换，就是不断让孩子知道，数字对象可以万千变化，但是概念上从1到10始终不变。

游戏也是潜移默化中帮助孩子做好数学启蒙的工具之一。比如，哼哼2岁时，会在做游戏的时候说“3只小羊在吃草，3只小羊在奔跑”，但是从来不会计算到底有几只羊。2年过去后，4岁的哼哼开始主动问我：“妈妈，3加3是不是等于6呀？”在这个过程中，我欣喜地看到当孩子数得足够多了，量变就产生了质变，把数字的概念跟实物对应了起来，接下来就可以进入抽象应用环节了。将要进入5岁的时候，哼哼居然已经在开始用乐高积木摆简单的乘法了。这让我想起与小学校长的对话，真正好的教育是教孩子思维，回到原理的本身而非简单练习应用。

### 4. 艺术启蒙

人类区别于机器人的最大特点，在于人具有情绪和情感，这是高级生命才有的特征。越是在人工智能时代，情感的联结、情绪的表达就越重要，它是我们无法被机器替代的重要部分。在这个时代，我特别建议有条件的家庭关注孩子的艺术启蒙，因为艺术是孩子自我表达和表现的重要方式。

不过培养艺术类爱好都花费不菲，所以在给孩子选择艺术类兴趣班的时候，父母一定要掂量好自己的功利心，明确培养孩子的初始目标：咱们是真的只是想帮孩子陶冶情操，还是期待孩子在专业上有所建树？如果内心抱有功利的期待，更要提早做好取舍。这种取舍一定要特别关注孩子的兴趣和禀赋，以及家长可以投入的陪同成本。要知道，每一条特长的路上都趴满了望子成龙望女成凤的家长，但是，孩子不付出艰辛的努力就能在专业上有所建树几乎是不可能的事情。如果并非孩子内心热爱，家长再“鸡娃”也没用。

在给哼哼选择艺术类启蒙时，我把目标就定在让她未来有一个随时随地可以抒发创造力、表达自我的爱好。我们目前的取舍是只报美术类兴趣班，放弃了乐器类的兴趣班。因为在乐器类的爱好里，我了解下来发现只有小提琴和钢琴是最需要童子功的，其他乐器据说什么时候学习都不晚。而且，从我围观到的北京海淀妈妈和顺义妈妈的经验来看，要么家长自己在音乐上就很牛，要么家长跟着老师一起自己学一遍，回到家再监督孩子天天练习钢琴或小提琴。也就是说，对于比较需要童子功的小提琴和钢琴，家长需要更多的陪同和参与。

从哼哼在音乐方面所展现出的天赋水平，我们判断她大概率不是天才型选手，那么将来等她长大知道自己喜欢什么乐器再学习也不迟，陶冶情操就好。同时综合考虑我和孩子爸爸的音乐天赋、精力分配，我们很快就达成一致选择避开了小提琴和钢琴这样需要全家重投入的爱好。

最终选择绘画的原因，一来是孩子很早就显示了旺盛的涂鸦欲，二来是有两本关于怎么给孩子做绘画启蒙的书我特别喜欢：一本是日本作者鸟居昭美的《培养孩子从画画开始》，一本是我国美育工作者苏清华老师的《艺术人生的开端：2~12岁儿童的家庭美育与艺术游戏》。两位作者都用大量生动的案例和第一手经验，介绍了孩子画画的阶段性发展特点和使用的培养方式。读完他们的书，你会非常明白“好”的孩子作品是什么样的，再去挑培训班或者老师，就可以从教学理念的层面一眼看透对方是否“套路”你。

而且，即便做了报美术类兴趣班的决定，也要给孩子做甄别。从我家的情况来说，我做了很多功课，认定有两类培训班一定要避开。一类是简笔画培训班，虽然能快速取得成绩，但是会限制孩子的发展；另一类是学生作品几乎一模一样的培训班，老师搭好框架后让孩子依葫芦画瓢做填空题，这样在艺术启蒙方面收效甚微。其实，这也是一种父母参与度的体现。不是随便选一个兴趣班，花了钱就算尽了义务。

那么，怎么样才能提升孩子的学习能力呢？有以下4大要点：

### 1. 帮助孩子，把兴趣与优势结合起来

家长需要发现、鼓励并支持孩子的兴趣点，并将其与孩子的个人优势结合起来，发展成技能点，给孩子找到持续学习的不竭动力。具体的操作方法在上一篇中已经有所涉及，在此不再赘述。

### 2. 引导孩子，把学习与美好结合起来

正面管教的理论提道，要用奖励的方式激励孩子学习，而不是让孩子把学习与痛苦连接起来。比如，当哼哼做了一件值得高兴的事情时，我会给她多读几本绘本，把阅读绘本这个学习行为变成她心中的美好记忆。我们还可以恰当利用游戏，让孩子进行学习。游戏的交互设计与正向强化非常好，孩子能自主地从中探索出很多内容，哼哼就通过游戏学会了非常多英语单词的读写。

### 3. 巧妙利用15%原则，给孩子新的挑战

我在斯坦福上过一门有趣的心理学课程，主题是关于怎么给别人做好教练（coach）。其中有一个原则我记忆至今，就是促使人接受挑战的15%原则：人如果一直待在自己的舒适区就不会有进步，但是如果一下子接受超出能力范围太多的挑战，也非常容易畏难逃避，适得其反；好的教练应该不断寻找超出学生个人舒适边界大约15%的任务，让他踮踮脚努力就可以够到，这是取得成长和自信的最好训练。我们可以有效利用15%原则，随着孩子水平的提升不断抛出新挑战，让孩子不断突破自我，而不是陷入低水平重复的陷阱，做好孩子的人生教练。

比如，学前的孩子，家长可以多让孩子玩开放式、构建类的玩具，譬如积木、拼图，这样很容易找到适合给不同年龄或者水平的孩子做进阶延伸的挑战。我的女儿在3岁左右特别喜欢玩拼图，我就依照这个原则刻意设计了能力进阶方案，从10来块的到20来块的拼图，再到50块的拼图……一直让她挑战至100块的拼

图。她在三岁半的时候有一次做到了自己连续作战一个半小时独立完成一幅100块的拼图。要知道这个年龄段的孩子通常的专注力时间不会超过10分钟！

我想，正是在不断的“跳一跳能够到”的进步中，哼哼不断取得正反馈，她的兴趣才能真正转化成持续的热爱和内驱力，成功完成一项又一项的任务。15%原则，用在孩子身上就是这么神奇有效。

### 4. 将问题前置，实现家校共育

为了避免孩子中途退缩，我们可以给他们选择一个善于引导的老师。当孩子遇到困难时，老师就能运用专业知识，将困难在学校解决。好的教育一定是家校共育才能实现的。而且，学校和老师给力也会让家长更轻松一些，达到事半功倍的效果。

父母之爱子，则为之计深远。基于我的职业、经历、社交圈，以及我对社会的感知观察，我认为提高学习能力还需要具备以下意识。

**首先，我们要相信人生是可迭代的，以玩无限边界游戏的心态不断突破自己。**人生的大成很少是直线性的，商业竞争的复杂度也让个体很难百分之百掌控成功的步骤和时间点。唯一不变的是变化本身。在这样的一种环境中，只有保持终身学习的姿态，不断积累，才有可能实现大的目标。甚至目标也是需要随着个人认知边界的拓展不断调整的。

很多商界大佬都是“无限边界”理论的忠实拥趸。

联想创始人柳传志说，做事要“瞄准目标拐大弯”。

字节跳动创始人张一鸣说，做事从不设边界。

美团创始人王兴说，有限游戏在边界内玩，无限游戏却在和边界，也就是和规则玩，探索改变边界本身。

从我个人的人生经历来看，虽尚无大成，但却始终在不断跨越边界、突破自我。感谢我的父母对我的爱护，让我始终保有了探索世界的旺盛好奇心，它也成为我对抗挫折、不断突破的内驱力。

高考时，我与清华失之交臂，去了对外经贸大学。我也曾一度心灰意冷，泡在大学的图书馆大量地阅读心理学和哲学的著作，却意外获得了治愈。怀抱着重新树立的世界观，我在毕业的时候杀出重围，进入麦肯锡，想要了解商业社会的运行逻辑。而后我去斯坦福、去互联网公司，都来源于内心对于创造创新的强烈渴望。我是麦肯锡（中国）公司历史上第一个商科出身，却从零到一做过互联网产品的人。我没写过一行代码，也看不懂产品文档，但是我懂战略、懂产业和互联网的结合，也懂人才甄别以及如何在大公司内部推动执行。因此我招募和领导了150人的产品研发团队，把商业计划书一一落地。在这样的探索过程中我还并行完成了个人的小目标，顺利生下了我的女儿哼哼。虽然为此付出的代价是孕早期每天工作到10点以后、战斗到生产前一天并且出了月子就复工，但这一切都是我根据自己的情况做的主动选择，我判断自己可以做到，所以就规划了执行。当然，我并不提倡这样的方式，我对公司的女员工都要求且保证她们休足产假再回来。可是于我自己而言，当我有自己热爱和相信的目标时，我会选择拼尽全力。工作如此，带娃亦如此。总之，办法总比困难多。这也是我教育哼哼的理念，就是不断去挑战自己能力的边界，用精进的方式迭代自己的认知，让自己始终处于学习区。

**其次，当身边资源不够丰富的时候，我们一定先找到自己的差异化定位，然后全力突破，以此换来更多的资源赋能。**创业是如此，人生也是如此。天赋并不是无穷尽的，每天的时间也只有24小时，父母可以尽可能多地带孩子参与不同类型的线下课程，发现孩子的相对长处，然后集中资源全力突破。我曾经在抖音里给大家推荐过一本绘本——《最奇妙的蛋》。它以童话寓言的方式给孩子讲了一个朴素的道理：要想成功，一定要差异化突破。故事讲的是三只小母鸡参加国王召集的全国生蛋大赛，第一只小鸡下出了一枚完美的蛋，第二只小鸡还能怎么突破呢？ 她努力呀努力呀，下出了一枚全世界最大的蛋。而第三只小鸡，只好不走寻常路，下出了一枚彩色的、立方体的蛋，震惊了全国观众。最后，这三个好朋友都获得了国王颁发的大奖。就像我的女儿，作为小女生却喜欢踢足球，那我们就不和大家比拼乐器，把时间和精力都放在足球上，打造专属自己的成长路径。

曾经有妈妈问我，鼓励孩子按照自己的兴趣发展，难道孩子喜欢打游戏也要支持吗？我的想法是，如果孩子真的擅长，家长千万别跟他反着来。三百六十行，行行出状元，现如今部分电竞行业从业者，他们的成功也越来越受到社会的承认。我就认识少年时打电竞出身的朋友，大学念的是城市走读学校，但后来因为对电竞行业的独到理解，进入风险投资圈也做得非常优秀。另外，孩子小时候往往只能看到电竞选手、游戏测评主播光鲜亮丽、轻松自在的一面，而忽略了一个最重要的生活真相：没有任何一个行业存在可以随随便便成功的人。这个道理，越早让孩子领悟越好。父母可以想办法带孩子做调研，譬如结交一个相关从业者，让他现身说法，讲述背后的艰辛付出与竞争厮杀，带孩子看看那个美好硬币的背面，让孩子判断自己到底是否仍然热爱这个领域。如果他看到这背后的一切，还义无反顾地往上冲，那爸爸妈妈砸锅卖铁也要支持他。你坚持，我投入，就这么简单。一家人为一个梦想共同努力，也是幸事。据说现在“00后”最热衷的职业是当网红，我看到这样的报道心中窃喜，暗想如果有朝一日我的女儿要求出道当主播，我可以立刻现身说法带她看看这个产业背后的辛劳。

**最后，我们要知道学习状态是有连带效应的。**当孩子经过刻意练习，提高了某一项能力后，其他的能力也会跟着一起提高，就像一块肌肉通过锻炼变得强壮了，它周边的肌肉也会跟着变强壮一样。这种学习状态的成就感会让他们充满自信，拥有饱满的精力，更积极地应对其他方面的学习。

养育孩子从来不是一件容易的事情，而把孩子培养成一名优秀的终身学习者，更是对父母耐心和毅力的重大挑战。我们没有办法帮助孩子解决所有的学习难题，但如果我们通过给孩子赋能，让他从为了技能学习变成为了兴趣学习，甚至找到学习的使命感，这样，随着孩子年龄的增长，学习能力会越来越强，成绩会越来越好，父母要操的心反而会越来越少。

**福妈方法论**

1.帮助孩子，把兴趣与优势结合起来。

2.引导孩子，把学习与美好结合起来。

3.巧妙利用15%原则，给孩子新的挑战。

4.将问题前置，实现家校共育。

# S 演化思维

## 如何让孩子不断进步？

北京的很多家长在孩子从幼儿园升小学的过程中就非常焦虑，择校简直成了家长的心病，感觉孩子要是不能上个好小学他以后的人生就都毁了。紧接着小升初，中考，高考……一路下来都非常焦虑，这样的现象其实在全国各地都比较普遍。

但是，成绩优秀、上了牛校的孩子就一定有个好未来吗？其实未必。

我的第一份工作在麦肯锡，其一度云集了北京、上海最优秀学校的“高光”学生，2005年麦肯锡的招聘录取比例是1000：1，在5000份简历里最终选出5人，可见筛选条件之苛刻。我在这里结交了两位闺蜜，都自带耀眼的名校光环。一位在二十几岁的年纪脱离了所谓的表面光鲜，自己骑着电动车满北京城送货，白手起家历经十年做起了自己的甜品品牌。另一位非常美丽而有才华的姑娘，常常在经历恋爱失败时一蹶不振。我经常做她们的倾听者。第一位早早拥抱了世界的不确定性，瞄着自己热爱的小目标奋进，随着年月增长越发从容自信。第二位的人生叙事思维则时常局限在当下的努力未取得回报的挫败感中，未能将世界的不确定性纳入自己的预期，依然习惯于在麦肯锡做项目时3个月必有产出的强控制预期中，好像有个无形的“框”把她框在了原地。

如果我们能把眼光放长远一些再来观察，各个牛校当年学业成绩最优秀的孩子，包括各种奥赛金牌的选手，很多都没有取得和他们高中成绩相匹敌的事业成功，无论在学界还是商界。反而是有些第十名左右的孩子，甚至辍学生，常常在后来的人生道路上成为黑马。举些极端的例子，马云、马化腾等商界领袖，他们当年的学业并不如意，马云经历三次高考才考上大学，马化腾也不是顶级名校毕业，甚至像乔布斯、比尔·盖茨这样的全球顶级商业领袖，都是中途辍学的所谓“坏孩子”。

这些真正的牛人的共同之处是并没有按照父母预设的有计划的人生轨迹发展，而因为顺其自然的发展成了改变世界商业版图的顶级领袖。

爱德华·威尔逊的《生命的未来》里面提到一个概念叫演化思维。那什么叫演化思维呢？弄清这个概念之前，我们先说一个我们常见的概念：进化思维。过去很长时间以来，我们都把

evolution 这个词翻译成“进化”，但是最近的科学界建议把这个词翻译成“演化”，为什么这么说呢？因为进化的“进”字似乎暗示它有一个从低级到高级，或者从简单到复杂的方向，但其实从微观层面来说，演化是没有方向的。如果我们用这个过程来类比人的成长，从更长时间的视野上来看，人可能都是要从幼稚走向成熟，从简单走向复杂，但从个体层面来看，每一个人的成长并没有什么固定的套路和方向。所以，我们家长试图去预设孩子的未来，按照一条所谓最佳路径去设计孩子的未来，最后的结果往往都不尽如人意。因为父母对于未来的观瞻，和由此产生的任何对于下一代的人生规划，都很难穿透人生的复杂性变量，更何况还有我们所处的剧烈变化演进的时代所带来的不可预测性。

正如乔布斯2005年在斯坦福大学毕业典礼演讲时所说的：“你无法向前观瞻来推演未来，你只能在蓦然回首时从你走过的点点滴滴里发现你是如何成为今天的自己。”所以，无论是家长还是孩子都应该秉持一种自下而上的敢于拥抱不确定性的演化思维，我们才能真正拥有一个美好而不确定的未来。

《园丁与木匠》里说，对许多人力密集型企业来说，让员工努力获得某种特定的结果，是一种很好的工作模式，这也是木匠、作家或者企业家的正确工作模式。你可以根据你制作的椅子、创作的书的质量或者企业盈利状况，来判别你是不是一个优秀的木匠、作家或企业家。父母的工作与木匠异曲同工，只不过生产的不是椅子这种特定类型的产品，而是特定的人。木匠式的教育其实就是按照某种既定的图纸，通过精确控制，把孩子塑造成符合父母特定目标的人。然而我们都知道这种塑造往往事与愿违。园丁式的教育，则是一种相对自由生长的生态的教育方式，就像园丁管理花园一样，为植物提供适当的土壤肥料水分阳光，并随时准备好迎接花园中那些出乎意料的惊喜，甚至将它视为最大的快乐。拥有演化思维的家长就如同园丁一般，相信孩子是未知的种子，只会浇灌爱的雨露，用剪刀轻剪干枯、歪扭的枝条，让孩子自由自在地生长。就算偶尔有一两只小虫子出现也没什么大不了的，只要树根依然健康，这点儿小毛病最终也会自己好起来。

演化思维的核心观点是，事物在发展上升的过程中充满了不确定性和多样性。这就要求父母和孩子学会拥抱这种不确定性和多样性，而不是一味地让孩子按照既定方向发展——即便是朝着好的方向发展。任何施加给孩子的蓝图都是枷锁，会限制孩子成长的多样性可能。演化思维与中国古代哲学中的“无为而治”思想有着异曲同工之妙，强调不要过多地干预人、事、物的发展，而是要顺其自然。

王东岳先生在《物演通论》里强调，如果一个事物按照不断复杂且精确的方向去进化，那么它的运行系统本身就会变得越来越脆弱，王东岳先生把这个现象称为“递弱代偿”。人的成长其实也符合这个逻辑，也就是说假如一个孩子总是在一个相对良性的环境里按照既定的路线一直比较优秀地发展，那么他表面上的优秀最后可能只化作一种所谓的“精致的利己主义”，在某些变故面前，将遭遇彻彻底底的失败，而这种失败，就是所谓一路优秀成长的恶性代偿。这也是多数所谓优秀其实平庸的人的同构问题，他们就像是优秀者与优秀者“近亲结婚”之后生下的缺陷儿童。而有些普通二本学生，虽然不是学习上的佼佼者，但是能在复杂生态里自由地生长，他们历经失败和各种挑战，不断地去解决生活中存在的各种问题，从而让自己具备了真正的反脆弱机制，从而在一路挑战之中，最终成为真正的赢家。

反观人类历史，演化思维无时无刻不在发挥着强大效用。现在站在生物链顶端的我们，以前是因为地球气候变化而被迫走出大森林的古猿；马可尼不是唯一发明无线电的科学家，1896年前后美国的特斯拉和苏联的波波夫也独立发明出了无线电，但却是马可尼将无线电的应用推广开来。很多时候预设好的路径并不会得到好的结果，看似糟糕的性状改变也会成为延续繁衍的转机；时机成熟后该出现的新事物也势必会出现……

著名科技哲学家凯文·凯利在《科技想要什么》里说，人类技术的进步符合生物演化的规律；《原则》的作者瑞·达利欧说，企业的进步也符合生物演化的规律。那么在养育孩子这件事情上，我们是否也应该应用演化思维，不预设目的，不操控孩子，不替孩子设置成长的终点呢？

“雨果奖”得主郝景芳曾在她《写给父母的未来之书》中提到犹太人的教育方式：犹太人的教育从小比较自由，注重学习阅读与辩证，每天只上半天课，剩下半天时间自由活动，学校和家长对孩子的兴趣都非常支持，孩子的想法因此得到了足够的空间和时间去实现。

20世纪80年代至今，从“大哥大”到5G手机，仅通信工具的发展就令人难以置信。未来20年、30年的世界会发展成什么样，更是难以想象。父母为什么还要坚持用自己的经验，去占据孩子20年的时间，影响孩子未来几十年的人生呢？

但也请父母不要陷入另一个极端——完全放手让孩子摸索着成长。没有现代知识的基础和对现实情况的认知，孩子会变得毫无根基，堕入云里雾里，思考的问题就如同海市蜃楼一般，最终只能流于空谈。“无为”并不是指毫无作为。汉代的文、景二帝虽重视道家思想的无为而治，不扰民，但会“轻徭薄赋”“务劝农桑”，因此为社会生产力的恢复打下了一定基础，留下了“文景之治”的佳话。演化或许就是平移、积累、淘汰、突变等因素的综合。父母要注重孩子基础能力的构建，在这之上让孩子自由地发展，只要系统配套成熟了，其余的事情自然是水到渠成。

在给到孩子足够的空间之后，父母还要注意引导他们进行实践，不要纸上谈兵。想法是要经过实践验证的，只有在收到外界反馈之后孩子才能对想法和自身有清晰的认知，从而校正目标，选择自己未来的发展方向。如果有机会，检验的次数越多越好。演化既没有方向，也没有终点，随着实践次数的增多，孩子身上的多样性也会增多，从而具备更多获得成功的可能。

最后一点，演化思维就是要让孩子变成敢于拥抱不确定性，敢于接受各种挑战的人。我们要鼓励孩子多尝试，多体验，多创新。顺其自然地随机连接，就会产生突变式的创新。只有创新，才能成为真正杰出的人。

我希望自己能成为这样的父母：为孩子的成长保驾护航，而不是成为他的舵手；帮助孩子找到内心的目标，并且有实现目标的决心与勇气，而不是替他决定人生的方向。最重要的是，让孩子开心地体验属于他自己的人生。如果这是一场游戏，那么整个游戏的设定就是，没有目的。

**福妈方法论**

1.不要为孩子的人生预设目的，不替孩子设置成长的终点。

2.给孩子足够的成长空间，也要注重孩子基础能力的构建。

3.引导孩子多进行实践，获得更多的可能性。

4.让孩子敢于拥抱不确定性，敢于接受挑战。

# S 融合思维

## 孩子一根筋，不会举一反三怎么办？

很多时候，孩子一遇到问题就蒙，找不到解决办法，其实是没有学会换一个角度思考问题，也就是缺乏融合思维。融合思维是指，把一个已知领域的知识迁移到不熟悉的领域，通过规律找到高效学习方式的一种思维模式。

其实，这个思维并不抽象，就是我们常说的举一反三、触类旁通。我们上学时常用的涂改液就是这样发明的。20世纪50年代，美国的一位单亲妈妈贝蒂在一家银行担任秘书，她有一项非常重要的工作，就是为银行家们打印文件。当时，人们打字使用的都是专门的打字机。因为没办法擦掉打错的字，如果出现文字错误，一整张纸都会废掉，不得不重新输入这张纸上所有的内容，导致了大量的重复劳动。可是，贝蒂却联想到之前学习画画时的操作：画家画错了不会擦掉重画，而是会在画布上用油彩覆盖画错的地方。于是，贝蒂把这个办法带到了工作里，她将自己在厨房制作的白色涂料带到银行，每打错一个字，就用小刷子把涂料盖住错误的地方，然后重新输入文字，这大大提高了工作效率。涂改液因此被发明出来了。

对孩子来说，学龄前阶段恰恰是融合思维发展的最佳时期。因为孩子的大脑神经元发育还不够成熟，所以，神经元之间相互无障碍连接的可能性是很高的。这个时候，孩子经常表现出想象力爆棚的感觉，但是，这种想象力并不能直接转化为融合思维能力。也就是说，早期的孩子天马行空的确是非常令人惊喜的，但是这些神经元的连接，非常不稳定，也没有条理，所以要产生有价值的融合思维是非常困难的。所以，我们一方面需要学会保护孩子的认知连接能力，一方面需要让这些随机的连接变成有价值的连接，逐步产生有融合和深度连接可能的新认知。这就是融合思维发挥作用的基本机制。

不用说孩子，有的时候就连成年人也会因为缺乏融合思维而不懂变通，显得做事死板。有一次，我去一个火锅店打包火锅，想点一些剁辣椒带走，可是小程序“小料”下面只有蒜泥这个选项。服务员小哥请我稍等马上安排后台上架，然后我再下单。但当时我和别人有约，时间上来不及，于是我和他商量，能不能我下单一个蒜泥，然后由他帮我装点剁辣椒过来（因为价格是一样的），他却一直让我再等一会儿。后面我直接询问了领班，领班非常痛快地同意了这种操作方式，这样既增加了门店销售额、让客流量快速循环起来，也让我（顾客）再一次感受到了这个企业真正想要为顾客做好服务的宗旨。而对工作者本身来说，具备这种融合思维能使他充分调动身边的资源，快速成长与进步，在职场上找到自己的一席之地。

如果我们建立了这种跨界的融合思维模式，个人的认知和学习能力就会变得立体，而且这种融合产生的辐射效应，甚至能让我们的能力得到指数级的增长。很多时候，这种融合思维是随机产生的，比如鲁班被茅草割伤了手指，就能想到利用锯齿形状制作锯木工具；阿基米德在泡澡时发现了浮力原理，最终发现了纯金王冠掺假的秘密。虽然我们无法反复创造这种随机性，但是我们可以通过让知识连接起来，产生更多的融合思维的机会。著名教育家叶圣陶曾说："无论怎样有价值的知识，如果只挂在口头说说，而不能彻底消化，举一反三，那是语言的游戏；都必须化为习惯，才可以一辈子受用。"的确，融合思维发展较好的儿童，通常显得比较聪明，不仅能在学习新知识时，利用旧知识进行承接，还能够在生活中很好地应用所习得的规律，用认知指导生活。当然，这种能力不是一蹴而就的，需要家长有意识地进行培养。

人的思维是在一次次"信息输入—信息处理—信息输出"的

过程中得到积累与沉淀的。若想培养孩子的融合思维，有很多种具体的方法。

**首先，我们要保障给孩子输入信息的准确性。**对事物的概念有准确理解是思维能力提升的基础。在父母平常与孩子的日常交流过程中，就需要做到这一点。这是一个“见山要是山，见水要是水”的过程。比如，当孩子看到苹果的时候，能够准确地说出这是苹果而非香蕉；当孩子看到apple的时候，能知道这是英语中“苹果”的意思而非识字卡片上的苹果插图，这时孩子就能够将apple和苹果很好地对应起来。用语言和文字能够清晰地把认知和现实世界对应起来。

**其次，父母要训练孩子找信息关系和规律的能力。**让孩子进行事物上的分类、比较与联系，这一点在孩子融合思维训练过程中是关键步骤。著名经济学教授尼尔·布朗在《学会提问》一书中比较了两种不同的思考方式：海绵式与淘金式。海绵式比较被动，使用海绵式思维方式的人往往不甄别、筛选获取到的信息，而是照单全收；淘金式相对主动，使用淘金式思维方式的人能够主动分析、过滤和筛选所收获到的信息，形成并加深自己的认知。如果用武林功夫来比喻这两种思维方式的话，海绵式思维就像吸星大法，即使不停地吸收学习，也很难形成独立的思考和深入系统的认知，一遇到问题就会晕头转向，“走火入魔”。淘金式思维就是易筋经，能让人在不断地与知识进行互动（分类、验证、筛选、重组……）的过程中脱胎换骨，达到以不变应万变的效果。所以如果要养成孩子的融合思维能力，家长要引导孩子用淘金式思维方式来思考。

很多父母会问，这个淘金式的思维怎么训练呢？其实，我们日常去超市就可以好好地利用起来，培养孩子具备淘金式思维的意识。比如，和孩子一起列购物清单。我经常带哼哼做这样的游戏。在去超市之前，我们会一起在家里用白纸写下这次哼哼和妈妈想要买的东西。我会鼓励哼哼用颜色或者涂鸦来标记她的需求，我用文字在旁边标注上。到了超市，我们会像寻宝大作战一样，由我指挥哼哼寻找她列明的目标。对两三岁的宝宝来说，在这个过程中注意力会非常容易被货架上琳琅满目的食品、玩具等分散掉。这个时候，家长千万别太着急，要抱着把超市当作另外一个亲子乐园的心态来和孩子互动。等我们收集到了所有清单上的物品，我会带着孩子进行同类物品的分类。分类的维度有很多，当孩子比较小的时候，父母可以让他根据颜色、形状等大的类别进行直观分类。比如，哪些是绿色的蔬菜？哪些是水果？哪些是牛奶做的？同一类的食物看起来、闻起来、尝起来有什么相近之处？……当孩子稍大一些时，父母就可以引导他进行更本质上的分类和延伸探讨了。比如，哪些是固体？哪些是液体？哪些回家需要放到冷冻格里保鲜？……通过这个过程，哼哼不仅锻炼了思维能力，同时也提高了她的观察能力和生活能力。

在玩游戏的过程中，我的重点是引导孩子找到其中的规律，这也是训练淘金式思维的关键。“为什么我们几乎每次去超市都会买很多水果呢？”答案是，哼哼和妈妈都喜欢吃水果，所以家里的水果消耗得很快，我们要及时进行补充。“为什么我们每次去超市都会买一些肉蛋奶，却很少买大米呢？”因为做米饭每次只需要一点点，加上水就变成满满一锅，而且一袋大米放很久也放不坏，所以一次买够可以一两个月后再补充；肉蛋奶都是易坏食物，每周吃多少买多少才新鲜，所以要经常补充。让孩子归纳现象，总结规律，把认知与现实连接起来，既能够有效锻炼他们的融合思维能力，也能让他们知道什么东西对自己来说是更加重要的。同时我们还能让孩子了解更多的相关知识，让他们的认知更加深入，增强对事物间相关性的理解。

如果个别父母时间紧张，觉得做超市清单游戏比较麻烦，也可以相应的玩具来代替。现在市面上有很多玩具可以实现这一功能，比如很多过家家的玩具，包含厨房的各种设备、可以从中间切开的蔬菜水果蛋糕冰激凌、配了各种模具的橡皮泥玩具等。孩子3岁以后，对于过家家类的社交游戏会特别热衷，我们可以陪着孩子在家里一起来玩角色扮演。 给孩子一个机会来当家长领导我们下厨房，设计下每次的主题，比如郊外野餐、家庭下午茶等。根据主题来选择相应的玩具食材和制作工艺，在共同准备的过程中模拟生活，投入地讨论每种食材的特点和烹饪要领，都是不错的选择。

**最后，要训练孩子准确地输出信息。**所谓准确输出就是说和写表达的准确性，也就是要让孩子尽量区分事实与观点，多说事实能帮助孩子全方位地了解现象深处的本质的东西。鼓励孩子多思考，说出深层次的原因，这样就能够帮助他们了解日常生活中很多现象之间的因果关系。父母可以尝试着让孩子复述大人说出来的话，并且要求他们说清楚、说完整、说准确。当孩子想吃饭的时候，不能只说吃饭饭，我们可以问他："是谁想吃饭呀，为什么想吃饭呢，想吃什么菜或者主食呢？"孩子的回答就是一种知识内化和认知的表达，我们都知道表达或者教授别人的过程其实就是最好的学习。当孩子开始了知识性学习后，我们可以让孩子把学到的东西都教给父母，以便加深他自己的印象与理解。当学习的东西多了，规律和联系也会慢慢浮现出来。这种把外化的知识内化之后，再表达出来，加深认知效果的过程，就是表达促进孩子融合思维的重要方法。

融合思维实际上也是创新思维的基础，我们父母都希望自己的孩子能拥有融合思维的能力，不断在学习的过程中完善、迭代自己的认知，从不同角度、不同方面进行思考，能用不同方法更快、更好地应对未来出现的问题。所以，我们都应该努力让孩子摆脱孤立地、片面地看待问题的习惯，这样，他们才能把无限的触角，幻化成认知的武器，变成一个融通、开放的孩子！

**福妈方法论**

1.保障孩子输入信息的准确性。

2.训练孩子找信息关系和规律的能力。

3.训练孩子准确地输出信息。

STANFORD

S

# CHAPTER 2
# 多维思考力

如何让孩子
拥有高效思维

# S 科学思维

## 孩子很爱顶嘴怎么办？

很多妈妈跟我说，孩子特别犟，还爱顶嘴，怎么办？有的妈妈问我，孩子特别天真，非常容易上当受骗，怎么办？也有妈妈问我，孩子沉溺于电子产品，爱玩手机爱玩游戏，怎么办？还有妈妈问我，孩子不爱动脑筋，经常对很多学习问题不求甚解，怎么办？……这些问题表面上好像没有任何关联，其实，背后都有一个重要的线索：孩子的质疑精神在悄悄萌发，但我们父母经常亲手扼杀了它。深度观察一下，这几个问题其实都跟科学思维有深度关联。

听起来好像很意外，是吧？但你细想一下就会发现，爱顶嘴的孩子，正是质疑精神萌发的最初表现，而质疑精神是科学思维的关键。缺乏质疑精神的孩子，很难养成科学思维，所以常常不辨是非，容易上当受骗，容易沉溺于一件玩物丧志的事不能自拔，也容易对很多学习问题不求甚解，人云亦云。但是事实上很多父母都不喜欢孩子顶嘴，希望他们听话，殊不知，你有可能正在扼杀孩子的质疑精神和科学思维的养成。

科学思维，我们听起来第一感觉好像是数理化定理、课题研究、科技创新……似乎是科学家、科研工作者所特有的，跟其他人并没有太大关系，离普通人的生活也很远，但其实并非如此。拥有科学思维，不是一定要去做跟科学有关的工作，也不是非要像哥白尼提出日心说、达尔文提出进化论般震惊世人，而是要为自己看待这个世界开一扇求真的窗，遇事遇人都要想一想、看一看，多问几个为什么。

科学精神的本质不是“信”，也不是公理定律，而是“疑”，对所有可能有漏洞的事物报以质疑的精神。孔子有云“疑是思之始，学之端”。

其实，每一个人生来就是拥有科学思维的，也就是有质疑能力的。孩子成长到一个阶段，就会表现出特别喜欢问“为什么”——太阳为什么能发光，汽车为什么能走，水是怎么来的，Siri为什么会说话……大有一副不把父母“逼疯”不罢休的架势。可是，由于我们很多父母并不知道科学思维、质疑精神有多重要，要么用“乖孩子”标签压制孩子的质疑，要么用不耐烦作为回应，要么草草回答两句了事。我们正在用这种简单粗暴的方式，培养一个所谓听话乖巧，但毫无质疑精神和科学思维，且人云亦云的平庸孩子。

我在斯坦福学的第一课，就是“明辨是非”——质疑、分析（Critical Analytical Thinking）。这可能是我理解的斯坦福精神的底层精髓。所以在课堂上，教授们会鼓励我们把美国的很多畅销书中的主流观点当作质疑和分析的目标，进行讨论，把它们“批评”得“体无完肤”。在这个过程中，脑力激荡，思考能力就像获得了重生。很多年以后，我才明白，斯坦福的第一课学到的东西竟然如此重要，以至于回望我的个人成长史，这种质疑精神和科学思维，重塑了我之后看待工作、看待世界的视角，也让我受益无穷。

在我的所有导师中，我挚爱的是英特尔的前首席执行官兼董事长安迪·格鲁夫。虽然他已经离世，但是他的故事让我终生难忘。他给我们上课的时候身体状况并不是很好，因为中过风，他的语速很缓慢，但他的思维依然非常敏捷清晰。他最令我佩服的一点就是从不迷信权威。有一次我们讨论他不熟悉的中国文化，他也没有偏听偏信，而是不停地向我们抛出高质量的疑问，最后得出了很多有价值的思考结论。在这种高效交流中，每个人都获益良多。在他身上，我看到了那种直接、犀利的质疑精神，他真的堪称企业界拥有质疑精神和科学思维的典范。在他的自传《只有偏执狂才能生存》里，处处都在用细节佐证他那种偏执的质疑能力和科学思维。我以为书里的故事已经让我叹为观止，后来我成为他的学生之后，才知道书里的故事只是小菜一碟。有一次我跟他一起吃饭，他给我讲了他两次打败癌症的故事，一开始罹患癌症，他就对于多数专业医生的判断报以怀疑态度，但他并不是讳疾忌医，而是关于自己健康的重大问题，他会看好多个医生，并且根据多数医生的诊疗建议，得出自己的诊疗方案。你没有看错，最终的诊疗方案是他自己拟定的。他不轻信一两个医生，而是根据多个医生的建议，不断提问，在认清相对客观的事实情况之后，最终给自己选择了一个相对科学的诊疗方案。最终他的选择证明了，他最大限度地两次战胜了常人难以战胜的癌症。同样的故事我在桥水基金的创始人瑞·达利欧的《原则》里也见过，达利欧对待癌症的态度和安迪如出一辙。我发现他们之所以能够成为世界罕见的商界巨擘，真的离不开这种不信邪，又尊重客观事实的精神。

当我发现这些故事背后的精神本质的时候，我就在慨叹自己太“弱鸡”了。我也无时无刻不在思考，怎么才能让这种精神和思维方式，成为我们孩子的优秀品质呢？怎么做才能让孩子既不是个杠精，但是又真正学会这种质疑精神和科学思维呢？后来我女儿哼哼的成长经历告诉了我，孩子的科学思维、质疑精神是不需要习得的，他们天然拥有质疑的能力。因为孩子总是不顺从的，他有探索欲，有好奇心，总是把“为什么”挂在嘴边。不过，孩子的这种能量就像小火苗儿一样，虽然热烈，但是很容易熄灭。所以家长需要去呵护孩子的探索欲，去呵护孩子对世界的疑问，然后引导他去探索和学习新的东西。

那么，家长应该怎么做，才能起到呵护科学思维的作用呢？

**首先是引导孩子做一个诚实的人。**听起来诚实和质疑、科学思维好像没什么关系，但是细想一下就知道诚实是质疑精神的基础。诚实分为两种，一种是面对自我的诚实，一种是面对事实的诚实。当一个人无法真诚地面对自己，无法真诚地面对真实世界的时候，就不可能提出质疑，因为不诚实，是没有质疑的原始动力的，也缺乏质疑的力量和能力。所以家长要做的，是引导孩子先学会有效地、如实地表达真实的自己，然后再去观察和实践，才能真正地在诚实的思维习惯中，养成真正的质疑精神和科学思维。

那么怎么做才能真正学会掌握科学思维呢？我有两个特别具体的方法：一是学会区分事实和观点，二是不断地做决策实践来验证质疑的结果。

第一个层面，是区分事实和观点。引导孩子分清事实和观点就是培养质疑精神的一项有效实践。怎么区分事实和观点呢？简单来说，事实就是能被证明是真还是假的某种陈述，而观点则是表达观念和看法的主观陈述。我女儿爱下围棋，她常常嚷嚷着“我是大高手”，想要赢的意愿很强烈。但是她在下棋输了以后，会沮丧地哭泣。“我想赢”就只是个观点，而“我输了”则是事实。帮助孩子在事实和观点中做清晰的区分和联系，就能让孩子科学地思考，而不是陷在主观观点之中不能自拔。孩子是很难找到事实和观点的区别的，所以在这个过程中，需要家长不断进行强化训练。当事实不断积累，孩子的观点一定会发生质的变化。当孩子能客观理解事实，那么得出客观观点的能力也就随之增强了。在这个过程中，质疑的精神、科学思维也就不会变成一种假大空的无源之水和无本之木。

第二个层面是决策实践。在做决策的时候，没有质疑精神是不行的。我曾经在生孩子的时候面临一个重大决策，顺产还是剖宫产。在这个问题上，我原本是非常希望体验一下顺产，体验一下这个大自然赋予我们的功能，为此在繁忙的工作之余还坚持了8个月的运动来控制体重，为顺产做了一系列准备。但临近生产的时候，我当时的医生、北京非常有名的一个资深产科医生，经过测量后告诉我骨盆太窄，建议剖宫产。一开始我特别沮丧，但是在躺了两天之后，在内心强烈的不服输感的驱使下，我忽然想到，这位产科医生年纪非常大了，可能临床经验也会有局限，并且剖宫产对医院来说经济效益更高，不确定她的判断就是最可参考的。毕竟生孩子是女人的基础机能，我当时的身体状态又非常好，无法行使这样的身体机能就太可惜了。不如再多找几个医生问问，然后综合考虑这些医生的意见，来做决定是否冒险一搏。

最终，我找的四位医生中，两位年轻的医生判断我可以顺产，而两位年纪大的医生判断我无法顺产。拿到这样的信息后，我立即决定信任年轻医生的判断，并且我也详细了解了万一难产医院可能实施的手段，我觉得这是一个我可以承担的风险。后来的事实证明，我不仅可以顺产，而且极其顺利。但是大部分人都怕面临这种事实分析，觉得太麻烦了，基本上就立刻认怂投降。我想冥冥之中，这也许是安迪教授给我的启示，也许，科学思维已经成为我生命中的一部分。

当然，如果在细微的事上，比如今天吃面条还是米饭，衣服穿套头衫还是连帽衫……在这类问题上都去质疑，生活决策成本也就太高了。所以扎克伯格和乔布斯，一款同样的T恤不停穿，从来不在这些生活琐事上浪费做决策的时间。我也是在生孩子这样的重大事件的决策上，才会调用这种思维方式。我经常使用达利欧“可信度加权”的科学质疑方法去处理一般工作，什么叫“可信度加权”呢？其实很简单，也就是说，对于能力更强，更有权威的人，赋予他们更高的可信度权重，把可信度高的判断加权在一起，帮我做判断，基本上结论就不会错得离谱。这种质疑方法，不是抬杠，也不是吹毛求疵，而是可以帮助你在做决策的时候，获得更科学的判断。我们希望孩子学会质疑，但不能让他养成时时质疑、事事质疑的习惯。所以我建议，在面对问题的时候，在小事上如“明天穿什么衣服”“吃米饭还是面条”可以由孩子自己来决策，而在大事上，如“是否要养宠物”“选择什么课外班”就需要父母陪着孩子一起去思考、去质疑，去选择更好更适合的方法和答案。

**其次，家长要尊重孩子的质疑态度。**我的女儿在四岁半的时候，因为疫情无法上课，需要拿着我的旧手机上网课。有一次，她举着手机想要阿姨解锁密码，让她看一下动画片，但是被阿姨拒绝了，说“没有密码”。女儿质疑：“那你是怎么给我看网课的呀？”阿姨哑口无言。孩子逐渐成长，他学会了把事实前后串联到一起，然后向你提出质疑。这次“上网课事件”就是一个我女儿质疑权威和规则的过程，也是一种智力成长博弈的过程。当孩子的质疑对了，而你输了，千万不要恼羞成怒，而是要“认输”，平静地面对孩子，给他基本的尊重。当孩子得到了尊重，他会被激励，去收集事实和研究规则，从而形成更有质量的质疑能力。当孩子开始质疑你的时候，你不要觉得孩子是在挑战你的权威，是在狡辩，而应该适度去顺应和鼓励孩子，甚至顺势和孩子展开有质量的讨论，这也可以保护孩子的质疑精神。

其实，培养孩子的质疑精神、科学思维，并不是一蹴而就的事情。家长可以尽可能地放手让孩子在思维上肆意成长，让孩子获得简单快乐的同时，给予他引导，给他鼓励，他自会茁壮成长，甚至给你意想不到的收获。

**福妈方法论**

1.引导孩子做一个诚实的人。

2.家长要尊重孩子的质疑态度。

# S 逻辑思维

## 孩子说话没主次，做事没条理怎么办？

说起逻辑思维能力，我们通常认为，这是跟数理化有关的判断、推理、归纳、概括等能力，好像在背公式、解答题目的时候用得更多。其实，不仅如此，逻辑思维还是经过长期训练所能实现的信息表达效率，是一个沟通利器。表达有逻辑，别人听起来就非常顺畅，没有障碍；没逻辑，就会导致任凭你怎么说，别人也听不懂，听不进去。

我们在工作中肯定都遇到过，有的同事做项目报告、工作总结，能简单明确地将事情按照轻重缓急罗列出来，和缓而有序地说明自己的完成情况。而有的同事说一大堆有的没的，从工作完成过程中遇到了什么问题到某一个工作细节的解决方案，事无巨细，层层套叠，说了很多，但似乎什么都没有说清楚，让人听得云里雾里。哪怕是煞有介事地做了炫酷的PowerPoint，但是整个表达，既没有说清楚要点，也没有展现出表达的力量。

逻辑思维无论对成人，还是对孩子，重要性不言而喻，但这种思维的养成并不能一蹴而就，需要在成长过程中长期训练。优秀的逻辑思维能力，不仅会让人做事有条理，还能够做好结构化的表达，把思想中的Power和Point不损耗地展现出来。

近些年，思维导图风靡，不知道是名称的导向，还是图形化训练方法的“不明觉厉”，很多人都认为，这是让思维更有条理的“当仁不让”的工具，并且大规模地进入孩子的学习中，包括学龄前的孩子。

思维导图真的可以训练孩子的逻辑思维能力吗？或者说，什么时间让孩子开始逻辑思维训练才有必要且有效呢？

我们先来看看思维导图训练是怎样的。思维导图训练一般是采用树状图的方法拆解一个有一定复杂性的任务。比如，“如何做到上学不迟到”。首先，要看有哪些因素会影响早上出门——起床时间、吃早饭和收拾物品。那么，什么会影响起床呢？是否上了闹钟，前一天晚上是否准时睡觉。吃早饭和收拾物品的时间会受什么影响呢？是否能做到20分钟吃好早饭，睡前是否收拾好了书包，等等。接下来，把这些罗列出来的要素做优先级和实现难易程度排序，依次做到。这就是思维导图用在任务拆解和目标实现上的一个简单使用方法。

还有很多相对复杂的思维导图使用方法。我在麦肯锡工作的时候，常常要用到思维导图的“七步拆解法”处理工作。也就是，当做一个任务或者解决一个问题之前，要依次陈述问题、分解问题、消除非关键问题、制订详细的工作计划、进行关键分析、综合结果并且建立有结构的结论，最后是整理一套有力度的文件。通过这七步来拆解，在处理工作的时候，就能够条理非常清晰，显然，工作效率也会提高。但是，这都是我们成年之后，进入工作领域才需要经过的专业训练。

用思维导图训练一个小学低年级或学龄前的孩子，在我看来，实在是为时过早，弄不好还会适得其反。比如，让孩子就一篇文章或一本课外书，画中心思想、情节脉络、人物关系等的思维导图；以一个英语词汇出发，列出相关词汇。这样的训练，并没有标准答案，而是可以有多种思考方法，也就是说，“任务”有多种拆解方法。如果老师不能充分理解思维导图的使用目的，非要求孩子给出“统一答案”，或者带着孩子寻找“标准答案”，那么，这种机械的训练是不能真正锻炼孩子的逻辑思维能力的，甚至还会让孩子对这种条理化的思维产生反感情绪。而且，大部分孩子的特点都是感知能力和发散思维比较强，如果在比较小的年纪，进行这种模式化的训练，很有可能是在扼杀孩子的思考能力。

那么，对年纪还不太大的孩子来说，可以用怎样的方法训练逻辑思维，又不会让孩子反感呢？

**我介绍一个非常好用的方法——“把话说明白”。**这看起来很简单，比如，列个“1、2、3点”来说，是不是就可以把话说明白了呢？看起来是，但又不全是。这“1、2、3点”怎么分呢？先说什么，后说什么呢？别小看了这样的问题，对几岁的孩子来说，可不容易完成。

**我们可以从“排顺序”和“找重点”开始。**在说话之前，首先罗列出自己想表达的内容，剔除掉与主题不相关的部分，再对剩下的内容进行排序，而且在这个过程中，一定不要忘了想表达的重点。关于剔除，原则是，只要是和想描述的事情没有强关联，或者不说也不会对表达造成什么影响的，都可以不说。

当然，这种方式不要时刻使用，如果你和孩子在日常谈天的时候，也要“排顺序”“找重点”，可能不是把孩子“累死”，就是先把自己给“逼疯”了。

在以下两种情况下，可以使用“把话说明白”训练法，即“开放谈判”和看书。

**首先，来看看“开放谈判”。**孩子在0~2岁的婴儿期，他们和世界的边界是模糊的，完全以自己为中心，非常关注自己方寸世界中的一切。等孩子到了两岁左右，自我意识开始萌发，他逐渐开始伸出自己小小的触角来探索外面的世界。到了三四岁，孩子开始从简单的“我想要什么”转变为“我要了解你在关注什么，从而达到我的目的”。这个时候，父母开放孩子和我们谈判的权力，不阻止他们和我们博弈、较劲，甚至是狡辩，孩子这种商议能力的进阶，某种程度上恰恰是孩子逻辑思维能力的必要进阶。

在“开放谈判”这个过程中，孩子要找讲话的顺序和重点，如果找不到打动和说服父母的重点，他的目标肯定是无法达成的。所以说，“谈判”是非常优质和天然的、不禁锢孩子思考方式、尽可能展现孩子天性的逻辑思维训练过程。

我就是用这样的方法，来训练我的女儿哼哼的。虽然她现在只有 4 岁，但是和我已经“谈判”无数次，俨然是个老手了。

有一次，哼哼想养小狗。很显然，她的目的是“养一只小狗”，所以她需要找到作为妈妈的我关注的重点——每天能否把狗喂好，卫生如何打扫，每天遛狗几次，等等。在这种语境下，父母就是一个资源提供者，相当于是孩子行为的资源投资人，而孩子则需要在和父母的谈判中，找到能打动父母的“商业计划书”。我的女儿在衡量了自己的能力，且认为自己目前并不想每天给小狗打扫卫生之后，就将购买小狗的时间预期从5岁延伸到了7岁以后。但是她后续的动作让我哭笑不得。哼哼决定“邀请”邻居家的狗来家里住几天，这样自己就不用付出太多努力，还可以过过瘾。为此，她的第一步行动是在自己的房间里搭建了狗窝；第二步行动是提出用自己的宠物蜥蜴和邻居妈妈交换小狗。在对方因为害怕蜥蜴而拒绝了她之后，哼哼决定采取“B计划”行动，直接在晚饭时分从邻居爸爸手里把狗牵回了家。哼哼与我还有邻居妈妈的谈判过程让我忍俊不禁，同时，我也对孩子的行动力喜出望外。我想，等到她7岁时，我一定会给孩子买一只小狗的。孩子的决心越坚定，逻辑越严谨，获得父母支持的可能性就越高。而这就是让孩子找到叙述重点和表达层次的一个真正有效的可习得方法。

**其次，是和孩子一起看故事书。**好的故事书，充满天马行空的想象力，但这些想象也不是无源之水，都有清晰合理的逻辑主线。父母和孩子一起看故事书，就是跟着作者的设定一起推演猜测故事走向的过程。我们不仅可以和孩子一起去感受作者的思维方式，还可以和孩子一起设想，如果自己编，接下来会是什么情节，下一步应该怎么做？优质的绘本故事，每一步情节走向都是既充满意外，又合情合理。所以在阅读过程中，让孩子根据故事情节自己往下说的过程，也是极佳的逻辑思维训练。

我曾经推荐过一套适合 3 岁以上孩子的逻辑思维训练的故事绘本——《如何给猛犸象洗澡》《奇先生妙小姐》《大猪小虫》等。比如，《如何给猛犸象洗澡》这本书，我们要解决的问题是“给猛犸象洗澡”，总共分几步。先准备一个很大的浴缸（有多大？ 带着孩子一起比画），然后将猛犸象放进去。那么，用什么方法把猛犸象放进去呢？作者描绘了很多种可能的场景和工具，我们在给孩子讲的时候，每一步都可以先不揭示谜底，而是跟孩子一起猜，很有可能，孩子会超出作者已经设定的蓝本，给出更生动有趣的答案。这样一步一步地引导讨论，本质就是在和孩子一起描绘这个故事的思维导图，但用的是具体、交互式的沟通。对小孩子来说，在讲故事的潜移默化中就完成了逻辑思维的滋养，这比机械地画思维导图要有趣得多。对家长来说这样的方式也更具实操性，如果真的带学龄前的孩子在黑板上绘制思维导图，怕是要逼疯一家人的。类似的绘本还有任溶溶老师翻译的《奇先生妙小姐》，也非常适合4岁以上的孩子借助故事进行逻辑思维练习。

我们训练孩子的逻辑思维能力，不仅仅是希望他在未来把PPT讲好，或者把思维导图画好，更重要的是希望孩子能够在与世界沟通以及表达自我的路径中，找到最坦荡的一条通途。

希望孩子可以通过语言充分释放出内心无比精彩的自我，而这将既有力量，又能够打动人心。

**福妈方法论**

1.开放孩子和父母谈判的权利。

2.和孩子一起看故事书。

# S 价值思维

## 孩子沉迷于手机和电子产品怎么办？

在我的直播间里，有很多父母跟我抱怨孩子每天躲在房间里不出门看漫画或者动画片，长时间沉溺于玩手机或者上网玩游戏，也有父母跟我说孩子对什么都提不起兴趣不知道该怎么引导，还有一些父母给我留言说，孩子遇到一点困难就放弃，应该如何应对？……这些问题是非常普遍的教育问题，问多了我就发现，其实它们背后有一个共同的关键词：意义。熊培云先生在《西风东土：两个世界的挫折》里说“人是意义动物”。然而今天很多孩子的成长问题，恰恰出在了“意义”这两个字上。因为我们大部分的父母都喜欢用任务来管束孩子的成长目标，让他们不断地去完成一些简单直接的学习任务，但是却忽略了告诉孩子为了什么而去努力演绎自己的人生之路。

那么很多父母又要问，怎么和孩子讲那些看起来甚至有点“假大空”的所谓意义呢？孩子也对父母所谓的意义教育要么毫无感知力，要么充耳不闻，其实关键问题还是出在我们没有从小让孩子养成一种真正的价值思维。所谓价值思维其实是我借鉴股神巴菲特的理念，意思是选定有价值的事物对它们进行长期投资。也就是说，我们要帮助孩子通过不断的意义选择和判断，形成自己的价值思维方式。斯坦福校友谢尔盖·布林和拉里·佩奇，他们创立谷歌时确定的价值理念叫：不作恶。三个字非常简单，其实坚持做到是特别艰难的，掌握大数据和算法能力的超级科技公司，如果能在巨大的数字权力面前可以坚持做到不作恶，就已经是非常伟大的事。

为人父母，从孩子在腹中生长，到他呱呱坠地，再到他牙牙学语，在他整个成长的过程中，我们都曾思考一个问题：我们的孩子究竟要为何而生活，或者说我们希望他们成长为一个什么样的人？在回答这个问题的时候，所有的父母都饱含着对孩子满满的期待：我们希望他人格健全，正直勇敢、谦逊豁达、独立担当、健康快乐、内心充沛、自由而丰盈……这些优秀的品格，是所有家长都希望能够赋予孩子的。但是，大部分父母对孩子的价值思维养成，不是放任自流，就是强加干预。这最终都会阻碍孩子有效建立自己的价值系统，从而出现本文开头那些看起来毫无关联，但是背后逻辑和原因却很一致的教育问题。

我记得我曾经做过一份暑期实习，遇到了一个非常崇尚权力、金钱以及性的上司，我的职位是他的助理。在他的观念中，“钱”的地位十分超然。他经常用金钱、豪车以及奢侈品等物质因素来彰显自己的地位，同时也把这些物质标签作为诱饵去引诱花季实习少女。所以他的行事风格，毫不夸张地说，是“时时朝钱看”“事事用钱办”，很多跟他工作过的妙龄女同事都被他成功猎艳。而我的价值思维方式都是父母言传身教赋予的，或者说我小时候接收到的各种物质的刺激是很少的。我的父母都是老师，他们的价值系统里更崇尚知识和智慧。所以，虽然我并非出生在大富大贵之家，但是长期以来的价值观养成，让我根本无法认同他的做法，也绝对不可能屈服于他的淫威，所以很快我就离开了这家公司。

我的这段经历里，那些屈服的女孩对于物质的渴求完全遮蔽了她们本来应当拥有的价值思维方式，女性把自己物化，是我内心绝对不能认同的。当然，我并不是自命清高，也并非否认金钱的重要性，但是在我的价值思维体系中，幸福和健康是第一位的，认知和智慧其次，经济和物质的排序比较靠后。

在培养孩子的过程中，很多父母舍本逐末，只关心那些简单的量化的成绩和作业，或者简单的听话与否。父母要做的，并不是强硬地替孩子做好每一步的规划，安排好既定的路线，而是帮助他形成自己的价值思维系统，这样，他在人生面临各种抉择的时候，就不会行差踏错，知道自己是为了什么而努力，为了完成什么样的使命在奋斗。

那么怎样帮助孩子建立一套价值系统呢？我有一个朋友曾经跟我分享过两句话，对我启发很大。**第一是“什么不能做”，第二是“哪个更重要”。**“什么不能做”是限定好底线，在涉及“法律”“品格”等方面的问题时，要设立一条鲜明的红线，绝不可击穿。比如“不撒谎”“不偷不抢”“不赌博”“不用暴力解决问题”“不吸毒”“不能伤害自己”等都属于底线问题。而在底线之上的“哪个更重要”就是个优先选择的问题。所以我们要给孩子自主选择的权力，让他们拥有判断和比较的能力，找到对自己来说更加珍贵的价值和意义。

我在教育孩子的过程中，也会和孩子一起去寻找那个更重要的部分，人生的价值思维是通过大量的优先选择排序形成的认知能力和思维方式。比如在交朋友的问题上，“兴趣相投”和“长得好不好看”哪个更重要；比如在学习的时候，“时间长短”和“投入程度”哪个更重要；比如在安全问题上，“保护自己”和“遵守规则”哪个更重要……这需要长期自主地有效实践，才能让孩子形成真正内化于他的价值思维系统。在幼儿时期，可能需要父母协助孩子去做一些必要的选择和排序，这样孩子不至于在很多事情和方向上毫无准绳，但是父母在这个阶段也更容易代劳和强加干预。在孩子的青少年时期，他的价值认知系统会自然而然地将这些选择内化为自己的内在意识和行为准绳。逐渐地，他们就不再需要父母帮助，能下意识地找到对他们来说更重要的价值。当父母开始有意识地引导孩子设立底线、自主做出排序的时候，他也就成功迈入了建立价值系统的起点。

优质价值思维的形成是一个漫长的积累过程，有两点至关重要。

**第一是言传身教。**父母是什么样的人，很大程度上构成了孩子价值体系的底色。就拿前面“金钱排序”这件事来说，在我的认知中，“金钱不是最重要目标”这个观点，是我从父母身上耳濡目染获得的。我的父母总是会把目光放在如何获取更多的智慧，如何变得更优秀，如何获得更多的尊重，而不会去过分关注物质层面的获得。当然这种只关心精神不怎么关注物质的生活理念也有一定的负效应，比如我的父母并不过多关注外表，所以我在成长过程中很长一段时间都觉得外在美不值得追求，因为美貌就是稍纵即逝的，应该把时间花在更能累积价值的地方。因此，长期以来我都习惯素面朝天。直到开始做短视频之后，我才开始学习化妆……我想表达的是，父母的言行对孩子的影响是全方位的，且非常深刻的。有的父母说孩子吃饭的时候总是抱着手机看动画片，不看就不吃饭，那父母就要先审视一下自己是否在饭桌上总是抱着手机不撒手，或者一边看电视一边吃饭。有的父母说孩子总是乱丢东西，玩完玩具不收拾，那要看自己是否也经常把东西乱放，或者和孩子读完绘本之后，没有把散落一地的绘本放回原处……所以，我非常赞同育儿先育己的观念。成为父母，实际上是孩子赋予我们第二次成长和完善自己的机会。

在新冠肺炎疫情期间，一对父母的行为让我印象非常深刻，他们带着孩子在我之前走进电梯，爸爸一边拿出纸巾按电梯的按键，一边说着："要防止病毒传播，要讲卫生。"话音没落，随手又把纸巾丢在了地上。当时我内心真的非常愤怒，在我看来，这对父母哪怕对孩子说一百遍"要讲卫生"，都敌不过随手将垃圾丢在地上这个行动带来的负面示范效应。

**第二是不要过度强制和限制。**有时候父母过度的干涉和强制会对孩子价值观的形成起反作用。父母在教育孩子的过程中，我最常看到和听到的就是"不可以"。比如父母觉得孩子玩电子游戏是绝对不行的，所以就杜绝孩子和手机、iPad、电脑等一切电子产品的接触，结果常常会导致孩子在长大无人管束之后，游戏成瘾；比如父母觉得孩子过早接触钱不好，所以从不给孩子零花钱，但孩子在内心对钱的极度渴望，让他们更容易变成挥霍无度和内心贫瘠的人……当父母总是处处限制，孩子内心便永远处于匮乏的状态，对某件东西的渴望会让孩子有可能铤而走险，去恶补他曾经得不到的东西。

因此我建议，在孩子两三岁，在他的视力发展初期，他的自我意识刚开始萌发但自控力非常薄弱的时候，父母可以限制得多一些。但是当孩子步入了下一个阶段，父母应该渐次放松对孩子的管束，在一定范围内适度给孩子选择权，让孩子在一次又一次的取舍练习中形成自己的价值思维体系。

所以，我希望我的女儿哼哼将来成为一个知道自己想要什么的人；我希望她步履不停地去定义自己的目标，并且有去实现目标的勇气和能力。在实现目标的过程中她肯定会不停地受挫，但她能坚持着去实现一个又一个的目标。而且这些目标的定义，不是来自我，不是来自老师，更不是来自社会，而是来自她自己。

德国著名的哲学家雅斯贝尔斯说过，教育的本质意味着：用一棵树摇动另一棵树，一朵云推动另一朵云，一个灵魂唤醒另一个灵魂。我非常认同这句话，父母作为孩子天然的老师，就是要成为这样的一棵树、一朵云。而且在我看来，父母可以成为一棵不那么枝繁叶茂的树，但是它生长的枝叶总是朝向光明；父母可以成为一朵不那么洁白无瑕的云，但是它能在适当的时候遮挡灼热的阳光，投下阴凉。在这样的家庭教育之下，孩子自会生长出足够的能量和底气，在面对人生的各种困境挫折时，仍旧能向上蓬勃生长，找到通往光明的出口。

**福妈方法论**

1.父母的言传身教构成了孩子价值体系的底色。

2.父母过度的干涉和强制会对孩子价值观的形成起反作用。

# S 连接思维

## 孩子说了想要自杀这样的“狠话”，怎么办？

在和朋友聊天的时候，他聊到自己孩子和妈妈吵架，在非常激烈和沮丧的情况下说出了这样的话：“我还不如死了算了，为什么要让我来到这个世界，这么痛苦……”这句话从只有8岁的孩子口中冒出来，让这位父亲感到惊讶之余，更是无尽的恐惧。年纪才这么大点儿的孩子，怎么会轻易说出“死”这种话呢?

甚至有的孩子不仅仅把自杀和死挂在嘴上，还付诸行动了。我们时不时能看到这样的社会新闻：孩子某次没考好，吓得不敢回家，跑到学校的楼顶一跃而下；一个高中生男孩，不知因为什么和妈妈吵架了，最后从高架桥纵身一跃……这样的悲剧在我们身边不断上演，很多人把问题归结到父母跟孩子的沟通方式上，我内心对此存有很大的疑惑。

尤其是在我当母亲之后，这些之前在手机上随手划过的社会新闻，给我带来了更大的触动，我也开始下意识地找寻这些孩子放弃自己生命背后更深层次的原因。

在之前我们写到的价值思维里，我谈到了“价值”这个词。在这个词汇所包含的所有内容里，生命价值是最基础层次的价值，也是最不能触碰的底线，它就如同1000000…里面的1，其他的都是0。所以，我会这样教育女儿哼哼（尽管她现在只有4岁）：任何时候，无论遇到了怎样的事情，绝不可以放弃自己的生命。前面提到的新闻中的孩子，他们怀抱着一种几乎是无畏的勇气和冲动，轻而易举地将自己最基本的价值抹去，决绝地斩断了自己和父母亲人，和世界之间的联系。

这到底是因为父母管教的严苛，还是因为沟通方式的失当，还是孩子行事冲动、内心脆弱……在“放弃生命”的背后，我终于发现了一个共性：孩子和其他人之间的连接太弱。当孩子没有和家人或者世界产生更多的连接时，他就会把自己看得很轻，他就可以毫不犹豫，随时了断自己的生命。我也终于发现，其实爱的本质就是连接，一个人和这个世界的连接深度，实际上可以量化一个人的“爱商”——连接深度和广度的商数。

为什么连接这么重要，而且跟孩子的健康成长高度关联呢？连接其实就是一个人与其他人之间，那条看不见的线。我们和至亲至爱的父母、孩子，携手共度风雨的朋友，一同加班到深夜的工作伙伴，甚至每天给我们送外卖的外卖小哥、经常吃的路边摊的店老板之间都会产生联系，和他们之间牵出一条条细细的线。这些线编织成网，把我们牵扯在人世间。只不过，这些线有的像结实的风筝线，有的像风一吹就断的蜘蛛丝。当一个人和世界的连接不够，那么他在遇到巨大的失望和困难的时候，定然容易迷失和放弃自我，因为那种放弃的快感，会大于失去连接的痛感，所以才会酿成悲剧。

当然，只建立连接是不够的，连接质量同样重要，它是衡量幸福感和成就感的重要指标。缺乏有质量的连接，意味着一个人的爱的能力是缺失的。我们和家人之间的亲情，和朋友之间的友情，和工作伙伴之间的“战友”情……所有与人和事物的连接里都是爱的质量。当人与人，人与世界，人与自己的内心连接得更紧密，联系得更深刻，也就能提供给我们更多的情感支撑，不至于在遭遇重创的时候，突然断裂。

因此，我们养育孩子，应该让他们和世界、和他人、和万事万物建立有质量的联系，而不应该让他们表面上活在一个处处有连接，但质量却很薄弱的关系网络里，甚至活在一个无人问津的孤岛上。哈佛大学医学院麻省总医院精神科医师、精神分析治疗师罗伯特·瓦尔丁格教授，作为著名的成人发展研究所第四任所长，他正在继续前面三任自1940年以来一直进行的两项精神医学领域最负盛名的“人生全程心理健康研究”。在过去的75年里，这个团队跟踪研究了700多个家庭，用长达几万页的数据记录了这700多个家庭的生活，那么他们得到了什么结论呢？结论是快乐健康的人生并不取决于财富、名望，或更加努力工作，而是良好的人际连接质量。

那么，我们应该怎么做才能提升孩子和世界的连接质量呢？我认为有两点至关重要：安全感和价值感。

**首先是安全感。**一个孩子的世界能有多大呢？在孩子还是一个幼儿的时候，他的世界是很小的，就限定在家庭范围之内，而父母就是他小小世界的支柱。因此父母作为孩子的后盾，更作为所有连接关系中最为核心的部分，需要给孩子足够的情感支撑，让他获得充足的安全感。

我参加过一个线下的正面管教课程，在上课的时候，听到了一个妈妈讲的这样一件事：她有两个孩子，姐姐四岁，弟弟两岁。突然有一天，姐姐跑过来，站在她面前，用一种很理直气壮的语气告诉她："妈妈，我要揍弟弟一顿！"此言一出，妈妈当时就非常生气，很想批评孩子两句。如果我们遇到这样的情况会怎么做呢？我当时是这么想的，一个四岁的孩子已经拥有这样的行为能力，明明可以直接动手的，为什么还要专门跑到妈妈面前告诉她这件事呢？没错，姐姐只是想测试一下妈妈的反应。她设立了一个表象为"我能否揍弟弟"的命题，实际要验证的是"你是否还像原来那样爱我""我是否还像原来一样重要"。如果当时妈妈立刻就发火，那么小女孩儿得到的答案就是“我没有弟弟重要，你爱弟弟胜过爱我”。因此，妈妈当时应该做出的反应，不应该把重点放在“不要揍弟弟”而是放在“我真的很爱你”上面。这个时候如何表达会直接影响一个孩子对家庭和父母的认知。

在我看来，父母无法将孩子永远控制在“家”这个小小世界中，那父母能够做的，就是在孩子还小的时候，就不断加强爱的连接，给孩子安全感，让他感受到自己是被爱的。孩子是异常敏感的，他们能从父母的一言一行中敏锐地感知到父母的态度。所以我建议，父母要经常向孩子传达爱、表达爱，将“我爱你”挂在嘴边，经常给孩子拥抱，或者花一点时间来和孩子进行双向沟通而非单方面地灌输一些指令和宣讲。这些很简单的充满仪式感的表达，会不断加强父母和孩子之间的连接。当然，还有一件非常重要的事就是父母不要在孩子面前争吵，因为父母的这种冲突，会直接给孩子造成很强的不安全感，他们会认为这个家庭可能随时都会崩溃。所以，不要在孩子面前吵架是身为父母养育孩子的基本底线。

父母和孩子的连接就像是一条索道，如果它足够结实，即便是孩子长大，脱离了家庭环境，走向广阔的世界，他依然能通过这条索道找回父母，和父母分享自己的困扰和忧虑，将彼此之间的这条爱的索道变得越来越稳固。

**其次是价值感。**孩子逐渐长大，他的连接半径会以家庭为中心不断扩大。我们将家庭这个内核打造得足够稳固之后，也希望孩子能够在家庭范围之外，获得其他高质量的连接。身为父母，我们怎么做呢？我认为，追寻人生的意义和价值是关键。

我曾有一次去南非出差，看到一个公益组织在当地做一件事情，让我极其震撼。他们并不是在援助生活物资，也不是在提供医疗服务，而是在告诉当地人民“你是重要的，你的生命是有价值的”。这在我们看来是匪夷所思的一件事：生命本不就是有价值的吗？可是放眼当地人的生活状态，我又觉得这句话极其重要。或者因为贫穷，或者因为疾病，当地人的寿命平均约三十岁，他们的人生一眼就能看到尽头。所以他们整日无所事事，百无聊赖地躺在大树下乘凉。死亡对他们而言，是一件稀松平常的事情——因为他们甚至都不把自己看得很重要。而当一个人自己都认为自己的人生毫无意义的时候，他的精神世界就是一片荒漠，他的价值感无从获得，和外部的连接也无限减少，最终会滑落至何等地步，我不敢去想。

那么，如何教会孩子给自己的生命赋予价值感呢？

我从去麦肯锡工作，到去斯坦福读书，再到辞职自己创业，再到现在成为一个作者，我所做的一切都是在和世界、和社会发生连接，我在不断地增强自己的价值。通过不停地制定和实现目标，我对自己的定位越来越精准，也更能了解到自己存在的意义所在——我希望能用我的经验为更多的父母提供心智能量，尽可能减少大家走弯路的可能。这，就是我的价值感。以我为例，一个价值感强的人，即便经历再大的风浪和挫折，也不会轻易放弃自己，放任让自己滑落至谷底。在自序里大家也能感受到我的人生故事并不是大家想象的那样一帆风顺，甚至充满了险滩。但是我不仅能走过来，而且可以不断超越自己，增强我和世界的连接质量。

作为父母，我们会在孩子逐渐长大成人的过程中，慢慢退出孩子的世界。那我们能做的，就是逐步从陪伴到放手让他去开阔视野，去遍历人世，去遭遇不同的人生际遇。在这个过程中，父母不应强加干涉孩子的选择，只需要在他沿着索道回来找寻我们的时候，给他一个爱的拥抱和鼓励。

人生是一条漫长的旅途，而父母在孩子成长早期的时候，需要努力学会帮助孩子逐步地和这个世界产生有效的联系与真正有质量的连接，他们才会将这条旅途周边的风景变得色彩斑斓，而且意义非凡。

**福妈方法论**

1.给孩子足够的情感支撑，让他获得足够的安全感。

2.教孩子给自己的人生赋予价值感。

STANFORD

S

# CHAPTER 3 持续行动力

如何让孩子

积极努力，想到又做到

# S 行动者思维

## 孩子做事拖拉，总是说了不做怎么办？

“赶紧穿好衣服，不然上学马上要迟到了。”

“系个鞋带那么磨叽，你赶紧的！”

“快点把玩具收拾好，你到处扔，什么时候才能收拾完！”

“一个小时才写两行字，你这个作业是不是就写不完了？”

……

这些话，可能是我们父母最爱说的口头禅，也是很多孩子童年记忆的阴影！

实际上，以上孩子的表现被父母理解成行动力差，很多父母也为此非常抓狂。每每遇到这些情况，我们的脾气通常也变得急躁起来，不是恨不得冲上去替孩子做，就是忍不住把孩子一顿骂。但无论怎么说教、训斥，孩子的动作依然是慢慢吞吞的，甚至还会产生委屈、抵触的情绪。父母也觉得不理解，这么简单的事情至于要弄那么长时间吗?

**首先，我认为这来自父母对儿童行动能力发展的误解。**也就是说，父母与孩子对时间和效率的认知不在一个层面，所以常常产生很多的矛盾冲突。我想，这其中有很大可能是因为很多父母迫于现代社会的竞争压力，被裹挟着想让孩子进步得快一点，望子成龙、望女成凤，所以不自觉地就会把成人世界中的焦虑感和快节奏带到孩子的世界里面去。

**其次，父母忽略了非常重要的一点，那就是要给孩子留足自主决策的空间，让孩子有机会去面对自己选择的后果。**在一次次的重复性唠叨（“早起”“穿衣”“吃饭”“别迟到”“快做作业”）中，父母不知不觉变成了孩子的监工。要知道，没有哪个被密切监视的人不是得过且过的，因为他的自由意志已经在被严密监督催促的过程中被剥夺干净。既然一切都有家长照看着，孩子何必操心自己迟不迟到、是否按时完成作业呢?

可能有人会说：“这种情况我们做父母的当然可以理解，可有些孩子就像故意捣乱一样，作业总是拖到很晚才写，我实在是担心会影响他的学习。”那么，我只想问一个问题：孩子写作业这件事，是他自己的任务呢，还是家长的任务？如果孩子长期处在家长的保护机制（如不断催促）下，从未经历过迟到罚站、完不成作业被责罚，那么他其实没有体会过这些事情做不好和自己有什么关系，也就很难有发自内心的力量去争取避免这样的结果。久而久之，一旦来自家长的外力停止，他自己所有的行动力也会消亡。

其实，孩子3岁以后，原本是天然有非常强的自主支配行动的意愿的。家长在这个阶段的过度保护，反而容易消磨孩子的独立性，得不偿失。我曾经采访过北京两所教育创新学校的校长，谈及幼小衔接问题时，一个有趣的发现是，两位校长都提到了独立自主的生活习惯培养是最重要的幼小衔接准备。而在如何让孩子独立这个问题上，两位校长的建议都是：把孩子当成一个人来看待，平等和尊重，他才能够拥有自由意志和行动力。

那么，到底该如何帮孩子摆脱效率低、自制力差、独立性差的问题，从而成为一个具备行动者思维的人呢？接下来，我们就来探讨一下有效提升孩子行动力的几个步骤。

**步骤一：给孩子自己选择目标的空间，不做孩子的对立面。**

一旦孩子明白自己才是决策的唯一问责方，他就会从简单的逆反中抽离，重新思考，做对自己最有利的决策。我曾给3~6岁的孩子家长推荐过一套生活习惯养成类绘本，我觉得每个中国家庭都值得拥有，就是黄小衡女士编写的《淘气包明一》系列绘本。这套书画风可爱，旗帜鲜明地演绎出了在后果可控的范围内，父母把决策权交给孩子，不做孩子选择的对立面，让孩子可以深入体验不好的行为带来的后果，才是帮助他学习理性自主决策的秘诀。举例来说，明一拒绝吃蔬菜，他的爸妈先讲下道理，孩子继续抗拒，妈妈就笑眯眯地和孩子做了一个约定：你一个礼拜不吃蔬菜可好？ 孩子自然“喜大普奔”。然而几天过去，孩子逐渐发现蛋白质摄入过多的后果：便秘、牙龈肿、放臭屁讨人嫌……曾经讨厌的蔬菜越来越有吸引力。不需要家长再说教，孩子在自主的实践中深深体会到了均衡饮食的重要性。有过这样的一次教训，胜过家长一万遍说教。这样简单的道理，家长如果认真实践，很快就可以看到它给孩子带来的自主行动力量。有趣的是，我带女儿读过这套书后，她每次一放臭屁就会主动要求吃蔬菜。

**步骤二：给孩子预留行动窗口期。**

父母不要期望孩子能够马上做出改变，要对他有耐心，可以给孩子2~5天的时间做选择，他会主动行动起来。在这个时间段不要反复催促、唠叨孩子，一旦激起孩子的逆反心理，我们越不想见到的情况就越有可能发生。若孩子实在是毫无作为，我们可以冷静、耐心地询问原因：如果是态度问题，那么我们可以严肃认真地把任务完不成的坏结果清楚地告诉他，让他自己来做选择；如果是遇到了困难，我们可以暗中协助，给孩子打好底样儿，但绝不能代劳。

老话说“万事开头难”，当孩子向你发出求助信号的时候，很有可能是因为他没有安全感，或者跳一跳仍然达不到标准、需要父母托举一把。父母的帮助可以带给孩子安全感和自信心，由此帮助孩子达到自我行动与他人推动的一种微妙的平衡，这样才能真正帮助孩子在艰难的学习过程中，找到自己的驱动力和行动力。

我们也可以将问题前置，采用“提前彩排”的方式，提升孩子完成任务的自信心。例如，和孩子约定一个暗号，“如果我吃了一颗草莓，那么我就学1个新英文单词”，诸如此类。这样，当孩子碰到“吃草莓”这个固定线索时，就能有效触发“学1个新英文单词”的目标行为了。

**步骤三：给孩子正向反馈。**

所谓正向反馈，就是给孩子正面的激励，这种方法可以不断地提升孩子的自信心，使他们更容易进步。很多父母认为，正向反馈不就是夸奖孩子嘛，有什么可讨论的呢？其实不然，夸奖只是正向反馈的字面意思，如何做到“夸得好”“夸得对”，真正对孩子的进步产生作用，也是有很多门道可循的。

**首先，父母要注意，不能随便给孩子贴上“磨蹭”的负面标签。**不然会反复加深孩子的印象，认为自己就是这样拖沓的人，本想改正的缺点被这样巩固下来，以后怎么改也改不掉。

**其次，父母要注意肯定孩子做事的过程与态度，而非肯定结果或者只肯定孩子。**比如，夸孩子的时候，你可以说“妈妈看到你做这件事，特别有耐心，中间失败了也没放弃，妈妈特别为你骄傲”，而不是“我家闺女就是聪明，什么都难不倒”。只要夸得正确，哪怕孩子并没有做成这件事，我们也可以用赞扬来激励孩子，提高他的自信心。

有一件特别小的事儿，我在这里和大家分享一下。为了培养女儿哼哼“自己的事情自己做”的意识，我和她约定好，每次玩完的玩具，由她自己来收拾，放到玩具架上。有一只毛绒玩具比较高，只能“躺”着放进架子里。哼哼一开始没有意识到这一点，反复摆弄也没能把它成功地放到架子上。我在一旁悄悄观察，哼哼已经快要急哭了，将毛绒玩具摔到地上，一脸要放弃的样子。我强忍住上前指导的冲动（因为相信我的女儿能自己找到解决办法），静静等待。果然，不一会儿哼哼重新拿起了玩具，斜着将它放了进去，开心地笑了。我马上给哼哼竖起大拇指：“宝贝，妈妈就知道你一定能行。请问你是怎么想出这个解决办法的呢？这个过程你开心吗？”哼哼表示，她是受到了书架上斜放的书的启发，中间没有办法做到时有些生自己的气，可当自己成功后非常开心，觉得以后很多事自己也都能做好。

这个过程，既是我表扬哼哼的过程，也是帮哼哼复盘的过程，让我与孩子都了解到她举一反三的能力与坚持的精神。通过这样的正向反馈，孩子会牢牢记住自己成功解决问题的方式，提高自己战胜该类困难的信心。下次面对相同的问题时，她的行动力会比这次还强，遇到困难也会积极解决，并且享受这种认真思考、集中精力解决问题的过程，由此形成自己的正向循环。

俗话说，道理我都懂，就是做不到。多少人因为行动力差，而导致长期在学校、职场等成长空间碌碌无为、原地踏步，成为“拖延症晚期患者”与“三分钟热度大神”。拿破仑曾说，行动和速度是制胜的关键。行动力不仅能够影响一件事的结果，还会影响我们的自信心与价值感，从而影响我们的一生。希望我的分享能成为孩子们打开行动力大门的钥匙，使他们不仅是一个“空想家”，更能成为一个“实干家”，尽可能让我们的孩子成为行动的思考者，或者思考的行动者，那样的话我们的教育才算是成功的。

**福妈方法论**

1.给孩子自己选择目标的空间，不做孩子的对立面。

2.给孩子预留行动窗口期。

3.给孩子正向反馈：不随便给孩子贴上“磨蹭”的负面标签；肯定孩子做事的过程与态度。

# S 目标思维

## 孩子假用功，分数不升反降怎么办？

“我家孩子上课看起来挺认真的，为什么测验的成绩总是不高呢？”

“跟孩子约定每天练琴1小时，可他虽然坐在钢琴前，但就是不好好练曲子，弹半小时，混半小时。孩子专注力是不是有问题呀？”

开通抖音号以来，我在后台收到过非常多类似的求助。

大部分父母会将上述情况发生的原因归结为孩子专注力不够、学习能力差等，但这些原因可能只是表象。很多时候，造成类似情况的根源在于孩子没有学习上的目标感，从而陷入了被动学习的低水平勤奋陷阱。

孩子持续的专注和进步只能来源于自己认同的目标，这种认同在早年往往来自于兴趣爱好。正如日本著名绘本大师五味太郎所说："孩子是因为好玩才学习。"成年人在孩子还没有充分体验到学习乐趣的时候，就早早地逼孩子进入苦学模式，只会大大降低他们日后的学习动力。而丧失了自主设定目标的权利、被迫学习的孩子，往往认为自己的成绩是父母的表扬或面子，与自己无关，从而并未在自己正在做的事情中深度投入意愿和关注。

我在美国的时候，偶然知道了一位俄亥俄州高中生达斯汀·卡特的故事。这个孩子立志成为一名自由式摔跤手，这可能看起来没什么特别。但你要知道，这是一位失去了双手、双脚的孩子！而最后，凭借对于目标的坚持，他竟然真的成功了，而且异常优秀——成为自由式摔跤比赛的冠军！

那么，父母要怎样帮助孩子建立目标思维呢？

要知道，对自身坦诚的审视与反思，是通往成功的必经之路。因此，父母要帮助孩子了解自己的兴趣以及优势、劣势，才能最终让他找到自己学习的目标感。对此，我们可以尝试从这三方面着手：

**一是放手给孩子自主空间，让孩子尽情去做自己喜欢的事情。**比如，在给孩子申报课外班时，只要是孩子感兴趣的都可以尝试一下，然后再做最终选择。俗语云："兴趣是最好的老师。"这能帮助孩子找到自我驱动力，而自我驱动力就是他设定目标的基础。

在这个过程中，父母千万要注意，不能把自己的意志强加在孩子身上。大部分父母在给孩子筛选目标时，都是基于自己对社会的了解，掺杂了一定的功利心，并没有真正花功夫去全方位地了解自己的孩子，不是基于对孩子的特质做出的判断。而孩子失去对目标的自主感时，也很难产生真正的原动力。人只有在按照自己的思路生活的时候，才是最开心的。选定目标，能够长久坚持下去的原则只有一个，那就是自洽。一个无法自洽的孩子，是不可能出现自然的进步的，反而还有造成亲子关系紧张的可能。

**二是为孩子的选择打好理性基础，做孩子成长的“脚手架”。**我一直认为，喜不喜欢和适不适合是两回事儿。因为年龄的原因，孩子们对外界的感知能力有限，只凭简单的了解就能对警察、面包店老板、老师等职业产生美好的想象与向往。不仅是对各类职业并不了解，孩子们对自己的认识也很朦胧，难以看清自身的优劣势，造成能力与目标的错配。

我的建议是，当孩子选定一个方向时，父母可以先帮助孩子进行自我分析——孩子的个性到底是否适合这个方向。也可以回顾个人经历，给判断增加依据。毕竟，孩子遗传了父母双方的特点与才能，优于或者差于父母的可能性都是50%。

这里，我有一个“秘密武器”——“迈克尔六问”法，可以帮助我们更清晰地带着孩子分析目标实现的方式和可能碰到的困难，确保他们是真的喜欢，而不是一时兴起。“迈克尔六问”法是由耶鲁大学心理学家迈克尔·潘塔隆提出来的，是一种高效的说服模式，可以帮助人们理清做一件事情的内在动机。

以下是“迈克尔六问”法中的6个问题。

第一问：你为什么想做这件事？

第二问：你有多想做这件事？（从1-10中选择一个数字，1代表一点儿也不想，10代表很想。）

第三问：你为什么没有选择更小的数字？（如果孩子选择的数字是1，重新问一遍第二个问题，不过需要多问一句：如果要从1变成2，需要做什么？）

第四问：设想一下，如果你做到了，会发生什么好的结果？

第五问：对你来说，这些好的结果为什么非常重要？

第六问：如果你仍想尝试，那么接下来你会做什么呢？

看到这里，可能还是比较抽象。我再结合哼哼的例子，来分析一下“迈克尔六问”法到底怎么用，好用在哪里。

哼哼四岁的时候，我像很多北京的家长一样，面对满大街的兴趣班招生宣传，也曾非常困惑。最终我决定让哼哼自己来选择，毕竟，将来是需要她自己去坚持的。我的做法是，先表明自己的底线：在多个兴趣班中，一个学期只允许哼哼选择一个，若选择之后不想坚持，也没有别的兴趣班可以再选。然后严肃地跟她说清楚需要她自己在多个选择中权衡比较，当她做出选择时，我便会问她“迈克尔六问”法中提供的几个问题（鉴于哼哼比较小，我一般会简化为问：为什么，有多想，以及接下来要怎么做），孩子便开始了自我和目标真正良好的匹配。

出乎我意料的是，哼哼并没有选乐器、绘画、舞蹈等这些女生偏爱的兴趣班选项，而是选择了足球。我好奇地问她为什么，她的答案出乎意料又非常合理：因为好玩！

接下来，我又问她有多想。毕竟练球还是很苦的，不管天冷、天热，都要在户外跑上一两个小时。而且，足球兴趣班里女孩非常少，很可能她是唯一的一个，再加上年纪小，很容易遇到和大孩子抢不到球的挫败感。我在言语告知这些可能遇到的问题后，哼哼也进行了足球游戏的体验，最后仍然坚持选择足球。

既然如此，我已经没有道理阻止哼哼学足球了。接下来的问题就是如何做了。我跟她约定，每次训练的时候，自己要提前做好准备，并且提醒我们带她去上课。而且，她还会主动要求我陪她一起看足球比赛，甚至跟足球有关的绘本她也爱不释手。在进入兴趣班练球的那段时间，虽然哭了几次鼻子，哼哼还是主动要求继续训练。

**三是各位父母可以多带孩子自己体验，给自己的选择增强认知。**我在美国的时候，看到很多学校都有专门的职业体验课。我们也可以多带孩子去了解各行各业的工作氛围，可以是自己的工作场所，也可以是孩子向往职业的街区，比如金融街、文创产业园、农场、街道上的垃圾站等。这种方式能够很好地让孩子扩大目标想象，也能对各个行业产生朦胧的认知，从而更加确定自己的未来方向。

没有路径规划的梦想不是目标，是空想。关于怎样帮助孩子实现自己的目标，大家可以回看本章第一节“行动力思维”，里面已经阐述了部分实现目标的方式，即制订合理计划、给孩子预留行动窗口期、及时给予正向反馈。在这里，我们再补充两点比较简单的操作办法。

**首先，可以让孩子把目标说出来，与家人分享。**这一步可以放在制订计划之前。社会心理学研究表明，公开承诺的目标会增强允诺者实现目标的责任感。换句话说，就是当自己内心的想法被家人知晓之后，出于对自己言行一致的维护，孩子更能生发出监督自己主动兑现承诺的力量，帮助自己实现目标。

**其次，懂得坚持，适时放弃。**不符合自身特质的目标、深入了解之后兴趣减淡的目标、占据孩子精力过多的目标，都可以果断地选择放弃。未来是强调个人优势的社会，人的精力和时间是有限的。与其盲目跟风，咬牙苦撑，不如放过孩子，也是放过自己。

“一个人追求的目标越高，他的才能就发展得越快，对社会就越有益。”帮助孩子将目标与兴趣、特长、价值感结合起来，让他学会自我思考、审视、迭代，或许是我们能送给孩子的最好礼物。

**福妈方法论**

1.放手给孩子自主空间。

2.为孩子的选择打好理性基础，做孩子成长的“脚手架”。

3.多带孩子自己体验，给自己的选择增强认知。

SANFORD

# S 复利思维

## 孩子做事没长性、总变主意怎么办?

不少朋友都跟我吐槽过:

孩子没长性，喜欢的东西换来换去，最后都是半桶水晃荡，干啥啥不行!

孩子学钢琴挺努力的，早晨、晚上有时间都在练习，可是进步太不明显，同龄人十级都考过了，自家孩子却连五级都考不过!

其实，不光孩子，父母自身也会存在这样的情况，本来坚持健身，马甲线都出来了，因为偶然的原因有一个礼拜没去训练，然后就一歇歇半年，体形又回到“解放前”。

“坚持就是胜利”这句话听多了有点像心灵鸡汤，可确实不无道理，背后蕴含的思维就是“复利效应”。

复利效应本来是一种金融思维方法，在理财领域中非常有名，很多人开始接触理财后学到的第一种投资的思维方式通常就是计算复利效应。复利效应指出，投资的目标应该是稳健的长期收益，而非一时的最大收益。如果我们能在较长的时间内保证自己一直获得年化10%的收益率，那么只需要7.3年的时间，就可以让自己的资产翻倍。

一代股神沃伦·巴菲特就非常崇尚这种思维模式，并以这种思想对自己的投资行为进行指导。他有句名言："人生就像滚雪球，最重要的是发现很湿的雪和很长的坡。"这里的滚雪球行为就是一种复利效应。从1965年到2009年，沃伦·巴菲特的资产翻了3000多倍。事实表明，今天本金的收益，未来会和本金一起为你贡献更大的收益。这种略显保守的理财策略，实际上可能比大起大落的风险投资更容易积累财富。

复利效应不仅仅在金融投资领域久经验证，把它迁移到孩子的成长领域，也能见到孩子更快、更好地进步。历史上有非常多主动或被动具备复利思维的人，都在自己的专业领域取得了非常大的成就。英国著名作家狄更斯平时很注意观察生活，常常带着笔记本在各处漫游，记录人们的生活和言行，积累了丰富的创作素材，最终写出了伟大的文学作品；外卖小哥雷海，每天利用送餐时的零碎时间坚持阅读诗词，提升自己的文学修养，终于在《中国诗词大会》上击败北大硕士，成为年度冠军；本杰明·富兰克林在印刷厂做工人期间，坚持读书与写作，不断揣摩报纸上优秀文章的精妙之处，最终成为《独立宣言》的起草人之一。

由此可见，长期坚持的确是实现复利效应必不可少的方式，这也是复利投资的最大门槛。因为复利效应是存在自身阈值的，在前期很长的一段时间里，我们甚至都看不到收益。只有突破了这个阈值，才会呈现指数级增长的趋势。

对于学习来讲也是一样，如果中途放弃，就会浪费我们前期投入的全部时间成本。但我们也不能将复利效应与坚持对应起来，单纯强调时间的作用，比如中国俗语中的“铁杵磨成针”“水滴石穿，绳锯木断”“积跬步以至千里”等就是如此，而是要保证自己每天都比昨天更进步一点儿，一直处于上升的状态。复，指重复不间断；利，指增长和进步。两者合一，才是完整的复利效应实现方案。随着时间的推移，复利效应会让进步值保持增长状态并呈现加速趋势，且两者为正相关关系，时间越久，增长越快。

我们还可以发现，很多成功者在复利效应实现的过程中所坚持的事情通常并不是他们的主业。这就要求我们改变自己的思路，以储蓄的预期去实现复利效应，而不是以投资的心态进行实践。换句话来讲，就是用全部精力突击主要目标，用复利效应的心态带动次要目标，从而让自己具备更多的可能。真正长期且确定的人生目标，都是通过低风险的稳健投资，靠可持续的复利效应来实现的。我们普通人的人生是需要安全边际的，懂得防守往往比懂得进攻更为重要。做好自己本身的主业就相当于是给自己垫上了一个安全垫。

回到孩子的成长中，父母可以引导孩子把人生的求学阶段分成两条线，一条主线，一条副线。主线是保障人生的基础（比如学习成绩），需要按部就班、保质保量的完成；而副线则是给人生另一种可能性（比如兴趣），不需要占据我们太多的时间，但只要我们一直坚持进步，就能取得一定的成绩，而这或许在将来某个关键时刻就能起到关键作用。

我在上学的时候经常给同学讲解数理化的题目，上了大学也在业余时间做家教，帮助高中生在高考前突击提分。我发现——后来也在一些教育机构看到类似的结论——数理化这些理科学科，完全可以通过突击提分来应付学业考试。但是像语文、英语等人文学科，则需要长期积累，很难通过临阵磨枪实现分数的快速提升。

虽然我在学英语的过程中还不懂复利思维是什么，但实际上也在不断践行这个思维模式。我没有满足于书本、课堂上的英语教学，而是让英语融入到了我生活中的各个片段。比如，我会随时随地记录优美的英文诗句或名言，会利用各种碎片化的时间阅读英文小说，还会反复看那些无中文字幕的原声英文电影。这个习惯一直持续了四五年，我的英语水平从而有了巨大的飞跃。

很多父母都希望孩子有流利表达的能力，我就会借助绘本来提高哼哼的语言水平。因为在亲子阅读的时候，孩子会因为图画和故事的有趣性、和爸爸妈妈的亲密互动而主动学习，在不知不觉中记住很多的语言表达方式。所以，固定的亲子阅读时间，其实就是父母和孩子构建亲密关系、帮助孩子进行语言学习的产生复利效应的契机。

此外，一些碎片化的时间也可以利用起来，让孩子在玩中学。我在哼哼三岁多的时候，开始给她在上下学的路上听英文分级阅读绘本的音频故事，一段时间之后，她竟然就背下了完整的故事，有一段时间她的乐趣就来自于一边翻书一边背诵，假装自己可以完整地“读”书，其实她一个字也不认识。而这正是她每天学习带来的复利效应的作用。

最后，我还想要提醒各位父母的是，虽然复利效应可以给我们带来绝对意义上的增长，但也要认识到数字背后的意义，不要对数字过度期待。数字是简单、天真而又准确的，可以被人为地计算。可我们的人生、学习和工作都比数字更为复杂。在坚持努力的过程中，我们会看到一些非常聪明的人，能够通过短短几个月的努力快速提升成绩，而一些人再用功去学也收效甚微。因为实现复利效应的过程中可能会有空窗期、回撤期、暴力期，等等，绝非一帆风顺的持续增长。一味与他人的对标，我们可能会短视、没耐心、冲动，也可能会因为失败率太高而选择放弃。

当孩子产生这类负面情绪时，我们要告诉他，长期稳定的复利收益与高回报不可兼得，不断持续投入、积累微小的进步是很难做到的，但是持之以恒一定能够产出巨大的收益。这条路可能需要我们甘于寂寞、静待花开，而不是看到一点苗头不对，就催促孩子更换赛道。

英国著名杂志《经济学人》预测，未来社会最需要的三大核心能力之一就是终身学习能力，而复利思维恰好能帮助我们提升这一点。那么你和你的孩子，是选择每天进步一点点，还是每天都差一点点呢？

**福妈方法论**

1.父母可以引导孩子把人生的阶段分为主、副线：主线保障人生的基础，副线丰富人生的可能性。

2.父母要认清复利效应的意义，不要寄希望于短期暴发式的回报，要相信持之以恒一定能产出巨大的收益。

# S 风险思维

## 胆小 vs 冒险，如何让孩子进退有度？

在日常生活中，我们经常会看到孩子有以下表现：

不敢滑滑梯、下楼梯、玩蹦床；

说话声音小；

不敢独自和其他小朋友玩；

特别害怕在公共场合表演；

在陌生的环境下会局促不安，甚至会紧张到不停去卫生间；

……

自从有了孩子，我也一直在思考，怎样才能帮助孩子克服胆小。在我看来，孩子不敢去尝试，通常是恐惧即将发生的风险。不敢冒险，说明孩子还没有形成风险思维。只有当孩子具备对风险的判断能力时，他才能够决定自己不做哪些事，要尝试哪些事，既能做到不断成长，又能很好地保护自己。

每个孩子天生都对世界充满热情与好奇。就像那些刚会爬的宝宝，他们会通过触摸、啃咬的方式来认知世界。但是，这种“冒险”很容易被家长们拒绝。在我们还是孩子的时候，就经常被告诫“小心”“不要乱动”“不要乱跑”“不许乱碰”。现在我们当父母了，也常常会对孩子说“不要”“不许”。毕竟新闻里播报着各种负面新闻，身边充斥着各种“危险，请谨慎”的警告，这些内容无时无刻不在提醒我们事故多发，安全第一。可安全固然重要，但过分注意安全真的是在保护孩子吗？“危险”一定要完全杜绝吗？让孩子冒险对他们的成长真的百害而无一利吗？

我认为答案是否定的。

适当的风险是增强人、事、物竞争力的重要手段。我们都知道，“风险”的合理定价，是金融领域里面最重要的盈利模式，这一观念在各行业中都有应用。共享单车曾经风靡一时，当时各大运营商纷纷推出新政策、新创意以吸引用户。但是支付宝让用户直接通过软件页面中的“扫一扫”功能解锁共享单车，而且在原有基础上，给用户提供了一个更加简便的新选项——如果信用积分达到一定标准，就可以免去押金。这是因为支付宝基于对用户行为的数据挖掘，借助信用评分，已经充分判断出了每个用户违约的风险概率，在充分理解潜在风险的基础上，选择了相对冒险的方案。但是，正是因为这个看似高风险的方案，支付宝在各个共享单车运营商争相拉拢用户的激烈竞争中，靠简化租车路径，赢得了更多用户。

同样地，在育儿的过程中，我们也应该适度培养孩子的风险思维。在不触碰底线的基础上，让孩子把握机遇、拥抱挑战。

不能触碰的底线是什么呢？

我认为，底线包括防范基本安全风险，比如让孩子不要触摸插孔，不要在高层住宅的窗户处探出身去等，以防止意外的发生。万一孩子真的遇到危险，家长也不要有过激反应。《孩子·挑战》一书中曾讲到一个经典案例，一家人出去游泳的时候，孩子不小心溺水了。爷爷镇定地将孩子托出水面，其他家庭成员早已泣不成声，孩子也被吓得哇哇大哭。这时，爷爷却带头为孩子鼓起掌来，安抚孩子波动的心情。当危险已经发生时，只有镇定的行为才不至于让孩子留下心理阴影。

同时，防人之心不可无，诱拐、性侵带来的伤害对孩子的影响不仅巨大而且是终身的，这些风险一定要引导孩子识别防范，否则一旦发生，就是最坏情况。我会给女儿讲解男性和女性的身体知识，孩子是从哪儿来的，遇到陌生人搭讪怎么办，等等。原因在于，用科学的方法主动教授孩子这些知识，培养孩子有预知可能发生危险的能力，引导孩子建立安全意识，总比当孩子遇到事情时却一无所知要好得多。我建议，父母可以给孩子选择一些相关绘本，比如我就用《小威向前冲》这个绘本，给孩子讲小宝宝是怎么被孕育出来的。用孩子能理解的具象的方式，做好相关的知识启蒙。同时，父母要尽可能多地和孩子相处，互相熟悉对方的语言、情绪和性格等，顺畅的亲子沟通有助于之后各种教育的展开。当孩子愿意告诉我们他的心里话时，很多风险就被极大降低了。

尽最大可能引导孩子自己判断风险的大小，做好最坏打算，主动避开危险区域。这就像给孩子系上了安全带，能够有效降低他们遇上事故后的受伤率。

当我们在身体方面，帮助孩子建立起底线之后，剩下的，就是如何引导孩子拥有一颗强大的心脏，勇敢拥抱未来的不确定性，在“险”中寻找机遇了。

具体来说，我的建议有两点：

**一是积极引导孩子做一些风险可控的尝试。**要培养孩子的风险思维，知识的灌输只是一小部分，还需要通过声音、颜色、味道、触觉等进行全息概念模拟演练。我们常常希望把孩子放在一个无菌的环境里保持健康，但其实孩子需要接触一些病毒和细菌才能形成抵抗力。同样，孩子也需要一些外界的刺激来形成风险意识和行动能力，孩子独立自主的成长过程就是学习如何管理面临危险的“恐惧”的过程。

假如孩子怕水，不敢在泳池里游泳。父母可以帮助孩子用脸盆体会水的感觉，再带孩子去泳池，将整个头部埋到水中，再下水尝试用整个身体感受水的状态。通过这种方式，孩子们能够主动得到“风险”的脱敏治疗——他们强迫自己做害怕的事情，以克服内心对风险的恐惧。但是，如果孩子们从来没有这样的体验，那么这种恐惧就有可能演变成心理学上的“恐惧症”。

在进行尝试的过程中，父母需要提醒孩子认清风险和危险的区别。风险是可控的，而危险是不可控、不可预知的。我们要做的是让孩子多一些冒险体验，而不是置他于危险之中。正确的尝试能增强孩子对自身能力的信任，让孩子发现问题背后的逻辑，获得解决问题的能力。

**二是明确规则，逐步放权。**跟孩子约定好，不能做的事情一定不要做，如不能在停车场乱跑，不能闯红灯，等等。在父母可控的范围内，允许孩子自己承担一些责任。比如自己穿衣服，自己收拾碗筷，等等。孩子的自信心是在一次次微小的成功当中积累起来的。若是孩子以后遇到了其他困难，是不是第一时间就能想起来自己小时候就能独立穿衣服、收拾碗筷的事情呢？有了这种回忆，是不是更容易坚信自己可以战胜困难呢？

孩子和我们一样，对于未知的事物总是充满了恐惧。因为对环境和新事物的不了解和不熟悉，就总是会表现出胆小怯懦和无力感。在这时，如果父母能够给他提供信息和解释，他就能打消疑虑，战胜恐惧。培养风险思维，让孩子在面对风险时进退有度，才是家长给孩子上的一堂最好的安全教育课！

## 福妈方法论

1.积极引导孩子做一些风险可控的尝试。

2.明确规则，逐步放权。

# S 工程思维

## 如何让孩子识边界，更靠谱？

前段时间，闺蜜跟我吐槽，说自己的孩子说话越来越不靠谱，什么都敢答应。老师留的作业，明明1个小时都做不完，可孩子总是信誓旦旦地说自己一刻钟肯定能写完。当然，这里面有孩子想多玩一会儿的小心思。但是，一次是这样，两次还是这样，永远对自己要做的事情没有很清晰的认知。在跟闺蜜聊了一会儿之后，我发现她的孩子真正缺乏的是工程思维，而不是表面看起来的贪玩或者拖延症。

那么什么是“工程思维”呢？简单来说，“工程思维”不是什么新概念，也不是要我们去研究或者构建复杂的事物。“工程思维”是处理事物的一种通用思维模式，如果将工程思维拆解一下，它的核心就是两点：标准化和极限，因此工程思维也可以看作将问题进行标准化处理和找到极限的能力。

标准化的概念很简单，就是找到已有的统一标准或者建立一种新标准。比如，在数学公式未被揭示之前，人们认知世界的方式就如同小孩一样，是感性而模糊的，在面对一些实际应用问题时会感到束手无策：比如一块圆形的田地需要围多长的篱笆？怎么才能让铁质的帆船不沉入水底？这些问题对于现在有初高中数学能力的学生来说并不难，通过套用圆的周长公式和浮力公式进行计算即可得出答案。但对于没有掌握这些公式的人来说，恐怕绞尽脑汁都很难得到正确的答案。再比如，孩子学习乐高编程，也必须知道基础的规则是什么，才能有效地完成搭建工作。

而极限则是工程思维中更加重要的内容。因为世界上任何一位优秀的工程师都知道，所有产品在各个方面都存在一个极值。比如，一张桌子，最多可以承受多少重量。再比如，水是存在沸点和冰点的，到达一定的温度，水就会转变为气态或固态的，这两个温度就是极限。

也许有些家长会问，这个工程思维孩子用得到吗？是不是太抽象了？要等到孩子成为工程师才有用吧？答案是否定的。就像我闺蜜的孩子，如果从小对自己要做的事情没有一个清晰的认知，比如做一件事需要多长时间，自己完成这件事需要付出哪些方面的努力，自己的极限在哪里，就会经常沉浸在挫败之中，连自信都无法建立，又何谈通过努力自我实现呢？

而且，工程思维对于个人的重要性并不局限于生活中的琐事。随着孩子的成长，他们在生活中遇到的问题会越来越多，并且越来越复杂，掌握工程思维的孩子们，在进入大学、参加工作后，因为工程思维而带来的思考方式会使他们在应对工作和生活的种种问题上游刃有余。

投资和咨询公司在面试的时候特别喜欢让候选人做头脑风暴题，这里面也有工程思维的影子。比如，估算一下一间会议室可以放多少只高尔夫球。这其实就是考验候选人是否具有将问题标准化解决、找到极限的能力。很多面试者都凭借直觉，脱口而出一个想当然的答案，但面试官考量的其实是一个人有没有遵循一套解题的思路。因为投资和咨询的从业者常常需要切入全新的行业，快速找到规律，系统性地了解这个行业，快速洞察，以此来进行有效决策，这靠的就是能够让人跨界学习的工程思维。

我大学学的是会计专业，对软件开发一窍不通。但后来却在百度领导了互联网金融软件的产品设计和研发，就是得益于在麦肯锡工作时期这种工程思维的训练。当时我已经非常习惯于进入任何新的业务领域去获得洞察。在研究线上股票交易平台的时候，我花费了好几个月去调研国内外相关市场结构、对标竞品的发展历程、未来宏观趋势和影响用户行为的关键变量，以及百度可能带给这个行业的关键变量与现阶段用户的痛点是否匹配、从而判断新业务可能的切入点。在这样的思考过程中将自己的洞察形成商业计划书。心中有了方向目标，攒资源就是相对标准化的流程了。譬如，根据想切入的方向和阶段性目标，构想需要的团队分工和阶段人力需求，核心人才是谁，以及这个团队运作所能产出的极限在哪里，等等。这一连串分析问题、找到切入点、搭建团队的过程，就是一个典型的工程化思维的应用。

那么，对于我们家长来说，培养孩子的工程思维，要怎么做呢？我的方法就是借助一些建构类的玩具，比如乐高、积木等，引导孩子快速找到一套标准化流程。这类玩具通常是由很多个小单元构成，比如，有红色、黄色、蓝色等不同颜色的，也有长方形、正方形、半圆形甚至异形等不同形状的。那么，不同的组合就能构建出各种各样的模型。所以，我有意训练哼哼找到不同的经典模型所需的积木块和搭建方法。经过了一段时间的训练之后，女儿看完动画片《冰雪奇缘》，就用软胶积木搭建了一个电影里的阿伦戴尔城堡。这个过程中，其实并没有人教她怎么去做，她完全靠自己的感悟搭出来了。这个城堡的完成是建立在两个因素上的，一个是她对积木已经非常理解，知道哪块搭哪块不会塌；第二个就是她看了电影，记住了城堡的大致轮廓，最后通过积木成功还原了她脑中的城堡形象。

在这个过程中，我们父母的“脚手架”作用是非常重要的。苏联著名的心理学家维果斯基提出过一个“最近发展区”的概念。他指出，想要实现最好的学习效果，就要为孩子提供带有难度的内容，并且学会如何充分调动孩子的积极性，才能最大程度发挥潜能，超越其最近发展区，达到下一发展阶段的水平，然后实现下一个发展区的发展。所以，作为父母，我们需要帮助孩子寻找那些符合孩子“跳一跳可以够到”的难度以及他感兴趣的内容，并及时反馈孩子，比如给予鼓励和赞赏，告诉孩子他哪里做得对；相反，如果孩子在建造过程中走了弯路，就要告诉他这样做是行不通的，以及为什么行不通，让他在试错的过程中逐渐领悟到怎样做才是可行的。

另外，还可以借助思维导图的形式，帮助孩子做理解。比如，一次我在带哼哼坐地铁的时候，因为下到站台的时候，一趟地铁刚刚关门，我们没赶上，哼哼还有些不开心，结果没等几分钟下一趟就来了。哼哼上了地铁之后，问我：“妈妈，地铁这么多，为什么不会撞车？”这个时候，我告诉她，所有的地铁背后都有一个控制中心，这个控制中心有非常强大的数学运算能力，可以统筹每个列车什么时候到什么位置，只要有控制中心在，地铁就不会撞车。回到家，我就带着她查了很多资料，然后把所有的知识都画在了一幅巨大的思维导图上。不仅算出了两列地铁之间的最短间隔，还查到了铁轨的宽度竟然是根据两匹马的屁股来推算的。这些知识汇聚起来，哼哼不仅觉得非常有意思，也让她知道地铁运行背后的简单逻辑，更给她开拓了一个“和妈妈一起探索—满足好奇心”的行动路径。对于思维的提升、亲子关系的提升，都是非常有效的办法。

总的来说，工程思维是一项非常重要的能力，它对于孩子日后的成长，以及步入社会后的为人处事都极有帮助。因为具备工程思维的人，一定能够通过一整套经过验证的标准化路径去解决问题，并且会远离“空中阁楼”，让自己成为一个真正的成事之人。

**福妈方法论**

1.借助一些建构类的玩具，引导孩子快速把具体变抽象，找到一套标准化流程。

2.找到孩子的最近发展区，帮助他超越这个最近发展区。

3.借助思维导图的形式，帮助孩子做理解。

# CHAPTER 4
# 共同想象力

如何让表达
变成影响力

# S 结构化思维

## 孩子啰唆、颠三倒四、没条理怎么办?

有的父母给我留言说，当孩子在幼儿园上学一天回家后，请他讲讲今天在幼儿园发生的事情，他却总是啰啰唆唆地说一大堆没用的信息；有的父母说，给孩子讲完一个起因、经过、结果非常清晰的故事后，让他复述一下，孩子却总是讲得颠三倒四，找不到重点。有的父母跟我说，让孩子照着一张讲解清晰的图纸去完成一个积木的搭建，但是他却怎么都无法完成。我们很多父母可能会认为说话不清楚是表达能力的问题，故事讲得颠三倒四是口才的问题，积木搭不出来是动手能力的问题。其实，以上问题的根本原因在于孩子的结构化思维没有有效形成，也就是我们平常说的说话、做事没条理。

其实，缺乏结构化思维的危害不仅仅体现在没条理上，要知道即便是我们成年人，接受信息的效率也是有限的，孩子更是如此。所以，要让大脑有效地记忆、理解和表达信息，就需要对信息进行有效的结构化整理。这样，孩子上了学，吸收知识的效率才会高。

但是家长千万不要因为孩子需要有结构化思维，而对孩子的成长有过多不必要的焦虑。比如，孩子说话晚的问题，很多父母都给我留过言，说差不多大的孩子都开口说话了，自己的孩子连“蹦词儿”都不会，想问问怎么办。首先，“说话晚”不等同于“表达不流利”，这是两个问题，应该分别看待；其次，在排除了语言障碍的可能性之后，孩子说话的早晚并不是很重要。我们应该认识到，每个孩子个体发展速度是不同的。据说爱因斯坦直到3岁才会说话，生活中也有不少孩子两三岁才开口，之后的语言表达也完全没有问题。

但是，很多父母会因为这个“伪问题”焦虑。比如，我朋友家的孩子一直到十五个月都不会说话，他的父母很着急，带着孩子去医院做了很多检查，听力的、口腔的、智力的，确认没有任何问题之后才定下心来。经过一段时间的等待后，孩子就学会了开口说话，而且现在说话已经非常流利了。孩子语言的输出真的是一个静待花开的过程，每个孩子自有他自己的节奏。所以，父母对孩子的说话问题其实不用太着急，只要正常发育的孩子早晚都会开口的，父母需要做的就是不断给孩子提供语言的输入环境。方法很简单，就是多和孩子聊天，多给他们讲故事。当孩子的输入量，也就是听到了足够多的话语以后，等到孩子想说话的时候他的表达会令人惊喜。而且，这个规律不仅适用于孩子的母语学习，外语的学习也是这样。

因此，希望家长不要再对孩子非生理问题的说话晚产生无谓的焦虑。

回到这一节的主题，对于说话没条理的孩子，我们该怎么办呢？我建议家长要反思一下自己平日里对孩子讲话时的语言风格，有没有做到很好的结构化表达引导。

什么是结构化表达呢？麦肯锡的资深咨询顾问芭芭拉·明托在著作《金字塔原理》中提出了一个“结构化表达”的工具，叫作SCQA结构。

**S（situation）表示情景**

**C（complication）表示冲突**

**Q（question）表示问题**

**A（answer）表示答案**

意思就是说一段简洁的话，有背景，有冲突，提出问题，给出答案，就可以将一段混乱无序的语言变得有条理、有重点，更能让人记住。当然，我们和孩子交流的过程中，肯定不需要这么复杂的结构化表达，但“语言是思维的外衣”，如果我们在孩子漫长的语言输入期，向孩子传达的语言是混乱无序的，就很容易导致孩子会说话之后的思维混乱，也没办法向别人说明白自己的观点。

因此我建议，父母可以从输入和输出两方面对孩子进行有效的引导。

**首先，是输入性训练。**

绝大多数孩子都是“理解先于表达”的，也就是说他们在真正学会说话之前，其实已经能听懂很多话了。而理解的深度决定着孩子表达的上限，如果父母一开始向孩子描述的都是语焉不详的内容，孩子可能无法真正理解父母的表达，所以就无法听进脑子里，只会把我们说的大部分信息都屏蔽掉。因此，到最后孩子想要表达，也是“巧妇难为无米之炊”。所以父母在语言输入的时候，一定要做好两件事。

父母要做的第一件事，在和孩子交流的过程中尽量不使用代词。我们中国人常常使用的几个词很有趣，比如：“那谁”“那啥”“那什么”，甚至有人在日常表达的时候会说出：“那谁，你把那什么给我拿过来。”或者“这东西怎么这么难用啊？”孩子听的时候，很可能会一头雾水，不知道究竟“什么”是“什么”，“这”又是什么？因此父母在孩子面前说话，要把“什么”指代清楚，尽量用清晰的名词、形容词来表达事物。

父母要做的第二件事，是传达精确的词意。什么意思呢？我举个小例子，我有个朋友，小的时候问父母“什么是民俗”，结果父亲想了想说“月饼”，所以我朋友在很长一段时间，都把“民俗”和“月饼”这两个词等同起来，他真的以为“民俗”是一种可以吃的食物。所以我们在和孩子讲解词语时，一定要尽可能地用准确的词义将这个词描述清楚，而不要含糊其辞。

**其次，是有效的输出训练。**

当孩子在语言输出时，父母同样要做一个很好的引导者。这里，也有几点父母一定要注意。

**第一，父母要鼓励孩子说完整的句子。**孩子说话可能速度慢，而且无法连词成句。比如，孩子可能会说一句“我要喝”然后指指牛奶。这时，父母要有意识地问：“你要喝什么呀？”如果孩子说“喝牛奶”，那么父母就要问“谁要喝牛奶呀？”引导孩子主动说出“我要喝牛奶”这样完整的句子。这对于之后孩子用整句话表达是非常有帮助的。他也会自主地在之后的语言中，尽量说整句话。而且父母一定要注意，在孩子说不出来的时候，不要着急地替孩子把话补完，循循善诱才是正确的引导方法。否则，孩子只会形成我不说了，你来补充完整这样的思维习惯。

**父母要注意的第二点，是当孩子大一点能说整句话的时候，注意“5W”原则。**“5W”指的是when（什么时间）、where（什么地点）、who（谁）、what（什么）、why（为什么）。比如，我就经常和女儿哼哼有这样的对话，哼哼说：“我去公园玩儿了。”我会问：“你什么时候去的呀？”“我早上去公园玩儿啦。”“遇到谁了呀？玩儿了什么呢？”通过这种开放性的问题，有意识地让女儿自己描述出一件完整的事情来。

当然，父母一定要鼓励孩子多表达。这个时候孩子虽然表达欲旺盛，但是他们的表达能力并不好。当孩子闹出什么小笑话时，父母千万不能笑他或者直接指出他的错误。哪怕我们是出于觉得可爱而笑都可能会伤害孩子的自尊心，更何况是指责呢?

孩子到了3岁，语言能力进一步提升以后，我们还可以帮助孩子理解和探索我们语言的有趣性。这里我特别推荐日本绘本大师五味太郎的《语言表达第一课》。它用非常童趣的图画和语言，向孩子讲解了名词、动词、形容词，以及打比方这样的语言方式在产生之初的作用和有趣的应用场景。孩子活学活用这些语言方式，会极大丰富他们叙事时的描述性词汇。在此基础上，我们可以按照上面的建议，进一步与孩子练习语言表达的结构化。

因为同样的内容，通过结构化思维，有结构、有规律地进行梳理，将大大增强我们记忆、理解和思考的效率，让一些复杂的表达变得简单清晰和高效。结构化是一个工具性思维的训练，各位家长需要根据孩子的成长规律顺其自然地积极引导，过早地让孩子掌握这种抽象的、整理式的思维方式，并不一定有利于孩子的健康成长。但是从长远来看，结构化思维和结构化表达，是日常生活中必要的认知和信息沟通工具。我们要学会这种能力，才能让我们变成一个真正有表达效率的人。

对于还在语言输入期的孩子，我建议父母要给予孩子足够肥沃的语言输入的土壤，我们要提前把准备做好，功夫下足。而对处于输出期表达能力并没有很好的孩子，我也不建议父母过于急切地矫正，因为这种急切可能会适得其反。只要我们给予孩子充分的表达自由，再施以小小的规正，孩子的语言表达自然会水到渠成。

**福妈方法论**

1.和孩子交流的过程中尽量不使用代词。

2.向孩子传达精准的词意。

3.鼓励孩子说完整的句子。

4.教给孩子“5W”原则。

# S 故事思维

## 如何让我们的孩子在未来具有竞争力?

过去20年，在国内外的工作学习生活中，我特别热衷做的一件事，是与形形色色的人聊天，做别人的倾听者，做世界的观察者。我发现在每个人的讲述和情绪的背后，都隐藏着一个人在这个阶段对自我的认知及他所抱有的信念。而这些底层信息构成了每个人的人生叙事逻辑。

下面这样的想法，你是否经历过?

“为什么我总是这么倒霉？这些糟糕的事为什么接二连三地发生在我身上？”

“社会竞争这么激烈，我可不能让孩子输在起跑线上。大家都抢的，我也一定要抢！”

“为什么别人孩子做什么成什么，我家孩子什么都不行呢！”

“我老公帮个忙净添乱，什么时候能让我省省心？”

这样的自我叙事逻辑，是不是特别紧绷、封闭？

自我叙事，影响的不仅是自己的当下和未来，同时它还通过与世界的交互影响到身边的人。我发现抗挫折能力特别强的人、内心有光的人、有感召力的人，都有一种共同的能力，那就是自我肯定和开放的人生叙事逻辑——体现在对自我的肯定和接纳、并且能够跳出当下的羁绊，相信更好的未来。

面对同样的问题，抗挫折能力强的人的内心活动可能是这样的：

“我老是遇到这么多的困难，因为我自己选了更难的路。换成别人，早就趴下啦。我会这么选，归根到底还是自己更喜欢。所以，‘自虐’吧！”

“人生是场马拉松，我才不要为了抢起跑线把自己和孩子搞疯掉。我要带着孩子活得快乐，活得幸福！”

“老师说孩子的数学在班上不算优秀，可是跟他以前比也有进步啊，还是要鼓励这次的努力。”

“谁也不能一次就做到完美，肯做就很好啊，下次还有上升空间嘛！总比什么都不做一回家就在沙发上打游戏强！”

如果以上两种人持着各自的自我叙事逻辑过完20年，这些人在20年后的境遇差别会有多大？

这种叙事逻辑在个人发展史上，我们可以称为信念；在企业发展过程中这叫愿景。小到个人大到公司、政党、民族、国家，都是因为这种共同想象力构成的故事驱动能力，才让我们相信那些看不见摸不着的共同信念，我们才能不断成就梦想。

《人类简史》的作者尤瓦尔·赫拉利认为，人类区别于其他原始动物，最终成为站在食物链顶端的物种，其根本原因就是这种“虚构故事的能力”。因为会讲故事，用虚构的故事描述出愿景，从而得以集结更多的人去协作、劳动，建设出城市、国家，最终孕育出文明。这也就是马云所谓的“因为相信，所以看见”。不仅是原始社会，在现代文明社会，故事思维依然十分重要，在未来它甚至会成为人类最重要的核心能力。因为这种能力是人工智能的算法做不到的，人工智能可以“写诗”“写评论”“作文章”，但是它写不出一个有愿景，给人力量的故事。

其实，我们每个人都有类似的经验——我们很难记住别人讲的干巴巴的逻辑观点，但是却能很好地理解故事。这是由我们大脑的特点——喜好简单的、具体的信息——决定的。故事思维存在于高概念和高感性的交汇处：所谓高概念就是可以创造艺术美和情感美，辨析各种模式，发现各种机会，创造令人满意的故事，以及将看似无关的观点组合成某种新的观点。所谓高感性就是理解他人，了解人际交往的微妙，找到自己的快乐并感染他人，以及打破常规、探寻生命的目标和意义。故事思维能够将以上各种信息整合，让我们代入其中的情景，更方便我们大脑记忆，从而和讲述者达成共识，实现更好的协作。所以，我们小到家里的家风、学校的校风、企业的企业文化，大到一个国家的文化，其实都是因为这些高概念和高感性的故事思维方式凝聚而成的一种共同观念，它让我们所有人在一起凝聚成一个家、一个学校、一个公司、一个国家，共同协作。因此，让孩子养成良好的故事思维，实际上是培养孩子面向未来的一种组织领导能力。

那么，应该怎么去培养孩子的故事思维呢？

我个人认为有三点非常重要。

**第一，体验训练。**尤瓦尔·赫拉利说未来的知识=体验×敏感度。也就是说，缺乏体验能力的孩子，实际上就是一种新的无知。所以，我们要跟孩子一起做全感官体验训练，故事思维是建立在有效体验和输入的“逆向工程”的基础上的，也就是我在前一节中提到过的，先有输入才能有输出。当输入足够了，输出也会水到渠成。所以，只有足够的全感官体验，才会有真正有品质的信息输入。

如何增强孩子的体验输入能力呢？父母要做的第一点，就是给孩子大量的具象体验，尤其是在孩子3~6岁的体验关键时期。孩子在这个阶段，会逐渐开始认知自我、认知世界，并且认知我与世界的关系。当孩子形成自己与世界的关系的时候，让孩子去体验、触摸、感知不同的风景。比如去参加野营，去户外爬山，去海洋馆看看奇妙的海蝴蝶，去恐龙博物馆看看远古的恐龙化石。

哪怕是去海边玩沙子，去小区里闻一闻花草香，都能给孩子带来更多、更真实的感触。

除此之外，绘本同样是一个非常好的补充工具。不同的绘本有不同的画风、不同的故事。绘本能给孩子展现出世界更多的可能性，也让他看到更多人生的可能性。孩子自会从中找到代入感，汲取更多的能量。因此，父母可以把绘本作为和孩子沟通的重要工具，我们要经常和孩子一起看绘本，给孩子讲故事，就更能找到打动孩子的点，找到我们和孩子之间的“共同想象力”，从而进入一个更容易与孩子沟通的语境里。

**第二，塑造生活的仪式感，让平凡的生活充满烟火气，让孩子感知到家的温暖。**在新冠肺炎疫情期间，我全程围观了一个朋友的朋友圈，并被深深打动。这位女朋友和她的先生以及2岁多的儿子全程隔离在北京家中，但是他们完全没有被疫情剥夺生活的乐趣，而是就地取材，郑重其事地进行了一场盛大的“在卧室里周游全世界”的穿越游戏。

这个穿越游戏真是让我眼前一亮。他们是怎么玩的呢？每周游览一座城市：想象全家去纽约旅行，就拿出《孤独星球》（Lonely Planet）纽约书，挑选想去的地标，上网看旅游类节目，把家里根据目的地进行简单的装饰，或者给全家来一场实景体验。比如，如果想去意大利，就把午餐做成丰盛的意式大餐；如果想去日本，就披上床单假装和服，席地而坐一起吃便当……这个游戏，全家人都热情参与，即便不出门，也可以把乏味的隔离生活变得特别有趣。

疫情期间，我给女儿庆祝了她的四岁半生日，当时不知隔离还有多久结束，甚至考虑每月庆生一次。女儿还热情地邀请我加入她的假装去野餐游戏，准备一个小垫子，搬出她心爱的切切乐甜点玩具箱，一起想象自己在绿色的草地上，闻着草木清香，享受着暖洋洋的阳光下午茶。

仪式感的塑造，能给孩子以情景感知的浸润和滋养，这是任何语言说教都无法与之相比的。

**第三，有效的表达力训练。**当前面的功夫做到，表达能力自然也就水到渠成了。

有效表达力训练的第一步，是引导孩子编故事。我还是建议父母用绘本作为媒介去引导孩子。比如我会事先选好一本孩子喜欢的绘本，给孩子讲故事，讲了很多遍后，再让孩子复述，最后再让他从故事中间选个情节换个思路往下编。比如“纸袋公主还能用什么方法打败恶龙呢？”“给猛犸象洗澡，结果它跑到树上了，还有什么别的方法让它下来吗？”等。让孩子继续沿着自己的想象往下说，我们就能和孩子一起创造一个新的故事了。

有效表达力训练的第二步也是最重要的一步，是有效冲突的捕捉。会讲故事，就不能仅仅是介绍事情的起因、经过、结果，这并非讲故事，而是复述。真正的故事，不在于其内容长短，而是取决于有效的冲突，因为只有冲突和意外，人们才有记忆点，才让人容易记住，也才能展开想象，让我们愿意继续追着听下去。有足够冲突性的故事，才是一个好故事。

对于父母而言，我们更容易捕捉到孩子身上发生的冲突，因为孩子天然拥有制造冲突的能力。就比如我的女儿哼哼想要养小狗这件事："4岁的哼哼决心要养邻居家的小狗——第一天，她在卧室搭建了一个小狗的窝；第二天，她和邻居提出要用自己的宠物蜥蜴交换小狗；第三天，她不管邻居答不答应，直接把小狗牵回家了。"以上短短三句话，我收获了好几百条评论和无数点赞。

那么对于孩子而言，他天然就有这种冲突捕捉能力。父母要做的，就是进入孩子的语境，融入孩子的话语圈，聊他们世界里的"八卦"，将他们捕捉到的东西"勾"出来。当然，有的时候父母问得太多，孩子可能会烦，甚至不愿意和我们讲，所以我建议，最好是在接孩子放学的路上还有睡觉之前去问孩子："今天发生的最好玩儿的事情是什么呀？""今天有没有什么不开心的事儿呢？为什么呀？"因为放学的时候，孩子的注意力还在学校里，记忆也比较清晰，他们可能更愿意说一些刚刚发生的记忆犹新的事情。而睡觉之前，孩子更愿意和我们说一些悄悄话。这个方式不仅适合父母和孩子沟通，建立亲密连接，而且可以锻炼孩子的故事表达力。

当然，我不建议父母揠苗助长，总是时时刻刻要求孩子：你给我讲个故事，你来跟我说说发生了什么事儿？粗暴地让孩子表达，很可能会起到反作用，甚至让孩子对“讲故事”这三个字有抵触情绪。所以，我们要用恰当的方式，把“讲故事”自然地融入孩子的表达力训练中去，才会起到应有的引导作用。

远古时期，人们就会围在篝火旁讲故事，这注定了我们这个族群是与众不同的。而今天的移动互联网，让我们好像回到了那个祖先围着篝火讲述故事的远古时代。移动互联网、人工智能和短视频时代，我们一群人围绕着一群人，相互倾诉，相互安慰，我们在故事中守望相助，我们在彼此的故事中找到温暖和慰藉，我们也在故事中看到很多美好而不确定的未来。

**福妈方法论**

1.跟孩子一起做全感官体验训练。

2.塑造生活的仪式感，让孩子感知到家的温暖。

3.对孩子进行有效的表达力训练。

# S 创意思维

## 不光成绩好，灵魂也有趣的孩子怎么培养？

有家长曾给我留言，感叹自己的孩子语文好、数学好、美术好，是一个常规意义上的好学生、乖孩子了，但好像缺乏创意能力，显得不那么有趣。

其实很多父母都觉得，应该先学好课业，然后再去学习创意，好像创意应该用一种方式去努力培养。很长时间以来我也有这样的困惑：创意是专门搞创意的人才应该学的，或者说创意是少数人的事。这其实是一个误区。

脑科学家在人的大脑中发现一种物质叫“髓鞘质”，它是构成神经元的重要物质。如果把脑神经中负责传导信息的轴突比喻成电线中的铜丝，那么髓鞘质就好像是包裹在导线外层的塑料皮绝缘层。6岁之前儿童的髓鞘质发育较为缓慢，所以神经元之间的连接非常随机，经过随机连接的神经元，就让孩子的想象力表达显得非常丰富。这个阶段的创意性思维是生理发展特点决定的，如果对孩子这个阶段的创意思维进行有效的保护，孩子就会通过强化某些随机连接，把这种天赋能力更进一步地挖掘和拓展。随着孩子在知识积累上的逐步提升，通过有意识的练习，他们真正的创造力思维就能更稳定地发挥出来。所以，一味地对孩子放任不管，不做任何有效的信息输入和逐步的技能训练，孩子的大脑就相当于一片荒地野草丛生，也不会产生真正的创意思维。让孩子的大脑保持开放性，逐步地强化他们的天赋创意连接能力，逐步进行必要的技术训练，孩子的创意思维和能力就会得到真正的强化。所以创意思维既是保护的结果，也是循序渐进的培养训练的结果。

很多父母问，孩子的创意力究竟是什么呢？所谓创意，就是信息的异常连接，可能是孩子用积木搭建出来的“空中城堡”；可能是用树叶拼出的绿色小河；可能是在饭桌上玩筷子，却说是自己的小手指在走高跷……这些都是孩子充满创意力的表现。

对于大人而言，在信息A与信息B之间，我们更擅长去寻找A通往B之间的直线通路，用最快速的办法将其连接起来。可是对于孩子而言，A和B之间可以有无限连接的方法和可能。比如数字“3”和汉字“三”，大人肯定觉得这两者之间没有不同。可是对于还没有识字的幼儿来说，数字“3”可以是汉字“三”，还可以是躺着的“川”，或者少了一条腿的“二”……

我们学习技能，其实就是在大脑中的神经元之间建立有效的连接，在神经元之间打造出通路来。而髓鞘质就像一层绝缘的胶质物，能够包裹在神经元的轴突上，保证信号最少限度的流失。这样的通路越多，我们对某项技能也就越熟练，就像“3”就是“三”这件事，甚至不需要我们花0.1秒的时间去思索。可是对于孩子来说，髓鞘质包裹的通道很少，他们的神经元是可以随意连接的。在这样多的随机性中，很容易产生我们大人看来不可思议

的创意力。

尽管孩子的想象天马行空不受局限，但这种创造随机性很强，甚至是稍纵即逝的。因此，父母需要在孩子进行创造的时候，尽量保护孩子天然的创造能力，同时做一些小小的助推，不断地保护和激发孩子的创意思维。

因为在0~6岁阶段，孩子的很多学习和探索都是用手完成的。拿哼哼为例，她有一个阶段特别迷恋飞行器，我就引导她用积木来发挥自己的想象力。比如，下面左边这张图片就是哼哼搭建的火箭。

哼哼还在动画片里看到cuckoo clock（布谷鸟自鸣钟）， 随即用btoys的软胶积木搭出了神似的“猫头鹰cuckoo clock”（哼哼自己命名，上方右图）。

此外，父母还能够做哪些助推动作呢？有三个方面父母要多留心：

**首先是多维感官体验。**五感包含视觉、嗅觉、触觉、听觉、味觉，多维感官体验自然指的就是调动孩子多个感官协作配合的综合感官体验。比如，父母可以带着孩子去看早晨的光线和晚上的光线有什么不一样；雨后泥土的气息和晴天泥土的气息有什么不同；沙子和泥土的触感到底什么样；麻雀和喜鹊的声音有没有区别……当然，父母可能会常常带着孩子出去旅游，但是对于孩子而言，我们没有必要一定带着他走遍多少个国家，看多少不同的风景。因为有时候我们哪怕只是带着他去小区楼下的草丛中看一朵花，都能让孩子看到世界的丰富多彩。当然，在这个过程中，父母要有意识地去提示孩子："宝宝，这是一朵什么颜色的花？它有几个花瓣？你觉得它的味道像什么呢？"在你的提示下，孩子对花的记忆点也就会变得更加深刻了，之后他从自己的记忆仓库中调取"花"这个元素时，就能想到一朵曾经看过的，真实美丽的花，而不是一个简单的二维矢量图片。而这，将会在孩子进行艺术创造的时候，给予他更多维的工具。孩子的感知能力是开放的，对信息的接收也是全方位的，我们只需要带着他去接触各种各样的信息，再加以小小的提示，孩子在自己的创意工具箱中储存的工具就会逐渐增多，脑袋里冒出的小点子也会增加。

**其次是符合天性的兴趣培养。**实际上天性也就是天赋中比较突出的那部分，兴趣如果能和天赋、天性结合起来，对孩子来说是最有益处的。就比如我的女儿哼哼喜欢画画，我在给她选择美术老师的时候，考察了很多线下机构。据我观察，尽管艺术表现形式多样，使用的素材也很丰富，但大部分机构都是模板化地将孩子框在了一个模式化的教学体验中，孩子最终呈现出来的作品大同小异，都是在追求“像”。这种像只是符合老师、家长审美的像，而孩子创造的内核和天性其实被破坏了。因此最终，我选择了一位绘画老师，在他的班级上，每个孩子画出来的画各有特点，但是又有一定的神似在里面。这说明这个老师是选定一个主题，让孩子任意发挥，给了孩子表达力肆意生长的环境，并鼓励孩子发散的创造欲。

2019年12月28日 周六 14:00-16:00
这节课哼哼在课上的状态很好，设计的2020数字分别是植物、恐龙、图案和水杯，想的都很有趣味，尤其是恐龙的造型，非常有意思。哼哼画的老鼠特征也有表达出来，一开始还觉得自己画不出来，后来一鼓励就画出来了，要相信自己哦，并且哼哼认为勇敢的事情是小老鼠敢和怪物战斗，把怪物打败了以后怪物还特别生气，表情很到位。

这位老师刚好契合了我鼓励孩子学习艺术的目的。我并不是想让孩子长成艺术家，会多少种艺术派别的绘画技法，而是希望孩子能够通过绘画先学会表达自己，再渐进地通过这种有效表达去促进她对生活的观察，对世界的探索。当然，她自己真的热爱艺术，也是可以选择成为艺术家的。

有研究表明，大多数取得杰出成就的科学家有很多兴趣爱好。兴趣爱好越多，他看世界的方式就不会仅仅拘泥于一种，在解决问题的时候，也更愿意去尝试更多的方法和思路。因此我建议父母多观察、多发现，有意地培养孩子多方面的兴趣。只不过这种培养不应是训导和逼迫性质的，更不能以“达到什么成绩”为目的。当然，我也并不建议父母永远都采取“放养”“顺应天性”的态度。在8岁以前，可以让孩子保持天然的风格、原生态的状态，但在8岁之后，可以逐渐地学习技巧，这样才能保证培养的稳定性和系统性。

**最后是家长要给予孩子尊重和鼓励。**当孩子花了很长时间创作了一个“大作”（或者是一幅全家福涂鸦，或者是用小树枝搭建的房子，或者是亲手写的爱心贺卡），兴高采烈地把自己的得意之作拿给父母看时，父母眼睛一瞪：“这是什么啊，有这点儿时间不如多看点儿书！”这个时候，孩子再高涨的热情也会被一盆冷水浇灭。我们对待孩子的创作，应多些尊重和鼓励，让他更愿意也更有热情去发掘自己的“新技能”。

比如，当孩子递给我们一朵自己在草地里找到的小花，我们可以试着称赞花朵的美丽，然后和孩子一起把它制作成书签；比如，当孩子向我们展示自己捡到的几颗奇形怪状的石头，我们可以和孩子把石头放进好看的托盘里，放置在房间的玄关处；比如，当孩子创作了一幅我们看来非常抽象的画，我们可以试着问他这幅画的创作意图是什么，某一处的颜色是怎么选择的……

孩子初期的表达欲和创作力是非常惊人的，我们应该怀抱着一颗尊重的心，他们自会更加自信地展示自己，勇于表达自己。

培养孩子的创意思维，是一个非常复杂而且艰难的工作，因为创意稍纵即逝，也很难去设计，而且一旦去努力追求，它可能就很难实现，这是一项不能即学即成的工作，我们父母要做的，是将孩子原本就有的能力小心呵护好，契合孩子的天性，给予孩子尊重和鼓励，用我们最大的努力，让他们的天赋得以自由生长。

**福妈方法论**

1.带孩子多进行多维感官体验。

2.做符合孩子天性的兴趣培养。

3.家长要给予孩子尊重和鼓励。

# S 人文思维

## 如何培养，才能让孩子受人欢迎、不被淘汰？

在和已为人父母的朋友们聊天的时候，发现大家都有这样一种担心：到底怎么引导孩子的竞争心态呢？孩子小的时候，我可以在家庭环境中尽可能地保护他，可是等他长大了，势必要进入学校、社会环境，那我要不要教孩子去争、去抢呢？因为不争，肯定就要吃亏啊；而教孩子去争，万一教出一个眼里只有自己、不懂得顾及他人感受的“小霸王”怎么办？

我不由得想到了在斯坦福商学院的经历，它重塑了我们所有学生对于竞争和商业成功的认知。斯坦福商学院大概是美国最强调合作和人文精神的商学院之一，不仅拒绝披露学生成绩排名以防大家过度竞争，而且以心理学类的人文课程作为特色课，最知名的课程当属Interpersonal Dynamics（人际动力学，俗称touchy feely）。 在这样一门近乎实验性质的课上，学生们在保证一切对话绝对保密的前提下被鼓励无约束、无主题地对话，打破一切伪善，直抒胸臆，在矛盾碰撞中去真正达成相互的理解与共情，在课程貌似无边界的对话中，每个人都详细记录和反思自己每堂课的所听所感。学校相信，比起短期的竞争，具有人文精神的软实力是一个人取得长期成功的必要条件，对自己的了解和对他人的共情和尊重是领导力的重要组成部分。

没错，如果详细剖析人文精神的内核，我们会看到共情和尊重。

**首先是同理心，也就是前面说到的共情。**同理心指的是共情能力，这是一种电脑难以复制的情感处理能力。因为有了这种能力，我们便能从他人的视角看问题，也更能与他人产生共鸣，增加更多的生活体验感。它让人类更增添了一丝人非草木的温度和情感；它使得我们能够将高度概念化的国家、社会、公司等体系变得更加温情；它将人类彼此紧密相连，产生情感，促进合作，让人与人之间的关系更加密切，让人与人的连接更加有韧性。不知父母们有没有注意到，无论是在日常生活中还是在网络上，我们总能在一些悲惨的事件发生时，看到一些人发出不和谐的声音。在我看来，这种人的共情能力必然是缺失的。我万万不希望自己的女儿在未来成为这样的人。现在的时代，共情力也愈发得到认可，人们看到了理性、高效思维的局限性，而在冷静决策、客观推理之外，共情能力好的人更容易达成良好的协作关系。我对此深感认同，这也是为什么人们常说，一个人的“底层代码”可以是充满了概念、判断、客观这类理性思维，但他的“交互界面”一定要充满了同理心、共情力这样和煦而温柔的感性色彩。

**其次是尊重，尊重是人文精神中非常重要的部分，它包括尊重自己和尊重他人。**尊重自己，指的是认识自己的个人特点，包容自己的不足，不过于苛责自己，学会与自己共处。当然，人作为社会动物，也要考虑在整个社会中应该把自己放在什么位置。如果只一味地尊重自己，只能将自己的路走得越来越窄，最后只会变得形单影只。因此，尊重他人也非常重要，我们应该都听过一句话：“尊重他人，就是尊重自己”，尊重是互相的，任何我们释放出的信号，无论是善意的还是恶意的，最终都会反弹回自己身上。在我看来，与其将尊重归类于公序良俗中的品德，我更倾向于把尊重看作一种能力。尊重是当自己的内核足够稳固，内心足够强大之后，才会赋予出去的一种能力。试想一下，当一个人的内在无比空虚，或者将自己无限放大，或者连自己都鄙视、看轻自己，他所呈现出来的，必然是一种愤世嫉俗、怨天尤人的形象，如何能释放善意，更包容地对待他人呢?

一个具备人文精神的孩子，一定是一个内心丰盈、强大的孩子，他也可以在和他人、和世界的互动中，最大化地收获愉悦感。

那么，如何在孩子还小的时候，就向他播下一颗人文思维的种子呢？

下面有两个小建议可以提供给父母作为参考。这两个建议是有共性的，都是先从父母自身做起，正向引导，让孩子看到、体会到获得父母给予的同理心、尊重是什么样子的，继而去模仿。

**第一个建议是“看见”自己的孩子。**

我有一个家境优渥的朋友，他的父亲非常厉害，在行业里曾经取得过后辈难以企及的商业成就。即使退休之后也仍然积极地参与着新产品新技术的创新创造。然而父亲的成就似乎也成了我朋友内心难以逾越的高山：他总是挣扎在没有意义感的虚无中。其实这样的现象在父母有特别高成就的家庭中并不少见。我常常想，如果他小的时候父亲有更多时间花在孩子的成长上，他可以被更多地鼓励和认可，也许长大以后的他会和今天不一样吧。

其实不被自己的父母看见，这样类似的问题在我们普通人的生活中也或多或少地存在。很多父母总喜欢将孩子与同龄人比，与自己的过去比（要知道，人是有虚构能力的，孩子的同龄人，甚至是自己的过去都会被我们的大脑美化）。孩子永远都在和一个自己比不过的人进行比赛，这种压力是无形的更是巨大的，结果就是孩子被压垮。这样的话，要想让孩子精神强大起来，从何谈起？因此我建议，父母要“看见”自己的孩子，认可他的努力。当孩子兴致勃勃地向父母叙述自己的人生发现，我们不要嘲笑他，更不要打压他。父母要知道这样一件事：孩子成为精英的可能性很低，但是他可以成为幸福的人的可能性是极高的。如果我们无法保证孩子成为精英，那我们至少尽自己所能给孩子一个和乐的童年，用我们的“看见”生发出孩子更多、更大的可能性。只有你看得见孩子，孩子才有可能模仿你看到他的样子看见他人。

**第二个建议是“听不见”教育法。**

在女儿哼哼两岁的时候，发生过这样一件事儿。那是一个中午，我和丈夫在卧室说话，突然门猛然被推开了。本来已经被我们哄上床准备睡觉了的小不点儿哼哼，昂首挺胸地走进来，眉毛倒竖，摆出了一副非常生气的姿态——她右手握拳用力锤在了左手掌心，用娃娃音向我们大声叫嚷：“我要看《小猪佩奇》！”当时，我惊讶于一个2岁孩子竟有如此态度，但好笑的同时还是给她看了一集动画片。事后回想，联想到《孩子：挑战》一书里描述的案例情景，我意识到这是因为孩子对家里的权力阶梯极其敏感，她会观察我们的行为，判断我们的情绪。我偶尔控制不住自己的情绪，在家里大声说话，结果会让大家都顺从我。因此她也习得了这样一种通过吼叫来获得权力的方法。从那之后，我开始有意地管理自己的情绪，在哼哼面前不再大声吼叫。而当哼哼希望通过大吼来表达自己的意愿时，我们常常采用“听不见”的原则。等她轻言细语地好好说话后，我们才会听见她。

因此，父母在家庭教育中，应当尊重孩子，彼此尊重，再外扩到尊重他人。在此之中，尊重孩子是非常重要的，也是常被父母忽视的一个层次。因为我们常常会觉得："小孩子懂什么呢？我这都是为了他好。"父母要知道，尊重除了"己所不欲勿施于人"之外，还有一层"己所欲慎施于人"的意味。比如，我们想让孩子穿的衣服，孩子可能觉得丑，那何妨向孩子放开选择权呢？父母可以试着尊重孩子的喜好，在符合天气的情况下，让他自己随心所欲地搭配。给孩子以尊重，孩子自然也会将对他人的尊重内化为自己的行动。

孩子是天然缺乏约束的。我们让孩子具有人文思维的过程，不能是"你要这样做""你不能那样做"，而是应当尽自己所能，示范给孩子看正确的样子，并且鼓励孩子在和他人互动的过程中，去体会当他尊重他人、和他人共情的时候，会收获到一些什么，这才是让他成为内心有温度的人真正的营养和材料。

**福妈方法论**

1.父母要"看见"自己的孩子。

2.使用"听不见"教育法。

# CHAPTER 5
# 深度影响力

## 如何让孩子
## 成为受欢迎的人

# S 格局思维

## 什么才是孩子最佳的人生起跑线

曾经收到过一位爸爸的留言，跟我说："我的孩子从来不会分享，好吃的、好玩的都是自己吃、自己玩，从来不会分给小伙伴，这样是不是太小气了？等他长大了，这习惯是不是也改不了？是我家孩子的格局太小了吗？"

不得不说，这位爸爸显然进入了一个理解误区。

孩子懂不懂得分享，往往与他所处的年龄阶段有关，格局因素的影响是少之又少的。当宝宝长到3岁左右，自我意识就已经出现了。他开始懂得区分自己和他人，"物权"概念也会随之而来。通常表现为，孩子总会强调东西是"我"的，而不是别人的，这是孩子认知世界的方式之一。享誉全球的蒙台梭利教育，同样十分强调尊重孩子"物权"的重要性。如果我们父母在这个时候强迫孩子分享，反倒会阻碍孩子自我意识的建立。随着孩子逐渐长大，他们往往会通过观察和体验，发现在和小朋友的交往过程中，分享是一个可以换来新玩具、认识新朋友的机会。通过自己亲身经历，孩子才能在自己的节奏中学会分享。

那么，这位爸爸所指的格局究竟是什么呢？

我很佩服的一位学者吴伯凡曾经说过：“格局是企业和个人的最终竞争力。”同时，他认为有格局的人“恰恰是善于‘算’、精于‘算’的”。这里的“算”可以理解为，基于大视野和整体格局上进行的“计算”。说得通俗一点，就是运筹帷幄。

站在今天的世界格局角度，我们可以看到，竞争、合作相伴相生的关系已经成为国家关系间的主旋律。在培养孩子格局思维的过程当中，我们也要秉承这样的思路。让孩子在与伙伴、同学进行竞争合作时，习得多边协作的能力，在集体中相互促进。

那么，具体来说，我们父母应该怎样培养孩子的格局思维呢？

**我认为，若想培养孩子的格局思维，首先要让孩子具有归属感。**只有当一个孩子具有归属感的时候，他才会有意愿去拥抱这个世界，和他人建立联系。

美国的学校常常会组织学生梳理自己的家庭树，让孩子们了解爸爸妈妈所从事的职业，爷爷奶奶的人生经历，等等。我们可以借鉴这种方式，带着孩子认识家谱，让孩子产生小家庭范围内的基本归属感。除此之外，我们还可以通过和亲戚之间的良好互动，让孩子懂得，自己是更大世界的一部分。背井离乡、在外拼搏的家长也不用怕，我们可以联合同事、朋友，或者其他学生家长组建自己的带娃同盟，不定期一起玩耍，给孩子营造一个和他人建立联系的友好环境。

**其次，在孩子与人交往的过程中，我们要有意识地引导孩子尊重和关心他人，培养集体意识。**一个眼里有别人的人，才能看到他人的需要，这是在集体中获得接纳、肯定，或是对别人具备价值的第一步。举个简单的例子，如果一家人坐在一起，孩子想吃苹果，但只有一个，怎么办？正确做法应该是一家人一同分享，而不是给孩子吃独食。这种做法能让孩子在潜移默化的行为举动中明白，一家人是要彼此照顾和关爱的，一家人也是平等的。

我们还可以通过不同类型的运动，培养孩子的集体意识。在孩子感兴趣的活动中潜移默化地学习，对孩子来说是接受度最高、吸收也最好的一种方式。

踢足球、打篮球等集体运动，能够有效提高孩子的积极性、纪律性、合作能力与沟通能力等，能够让孩子正确地看待输赢，做到胜不骄、败不馁。作为团体活动的一份子，孩子会拥有属于自己的责任，这种担当的勇气会放大做事的使命感和大局观念。团体活动中，大家的目标是一致的，不同位置的队员要彼此传球，为进球创造条件。这一系列的互动让孩子既能够欣赏自己，又懂得成就他人。

**再次，父母还应注意培养孩子的边界感，帮助孩子习得在和别人的交往中，如何不委屈自己，如何让他人感到被尊重。**

要做到这一点，孩子自己的“物权”需要被充分尊重。比如，在平时吃饭的时候，父母一定要充分尊重孩子的边界，不要从他的碗里往外夹东西吃，也不要随便从自己的碗里夹东西放到孩子的碗里。

在多边性的社交关系中，父母也要帮助孩子建立这种边界感，让孩子不要随便摆弄别人的玩具。如果孩子抢夺了他人的玩具，父母要在第一时间制止这种行为，并告诉他这种行为是不对的，需要马上向对方道歉。我们可以带孩子去楼下和其他年龄段的小朋友一起玩或者参加混龄幼儿园，让孩子看到哥哥姐姐们做出的表率行为，从而跟着模仿。如果遇到孩子不愿意分享玩具的情况，父母千万不能逼迫孩子进行分享，而应该像前面所说的一样，尊重孩子的物权。

有的父母碍于面子，觉得一家人怎么办都好说，如果有朋友带孩子上门来，非要孩子的玩具该怎么办呢？我通常采用的方式有以下两种，一种是直接准备两份相同的玩具，给孩子和他的小伙伴一起分享，另一种是让孩子把他特别喜爱、但是一时间又买不到的玩具收起来，放在只有他自己能找到的地方（比如床底下），直接在源头上杜绝孩子争夺玩具的情况发生。

清楚自身边界的孩子，更懂得如何尊重他人的边界。

当孩子与同学、朋友发生矛盾时，理性解决，多和孩子站在自己的角度反思。

我在哼哼和其他小朋友发生冲突之后，会和她做一个小小的复盘讨论。这个时候，我的重点就是引导她回忆和这个小朋友之间有没有一些美好的回忆，比如那个小朋友平时会不会给哼哼多准备一块糖，等等。这样做的目的就是先让她的情绪得到平复。然后再和她理性探讨这个冲突是怎么发生的，后续的解决方案和预防方案有哪些。最重要的是，多跟孩子反思自己的做法，和小朋友产生矛盾之后反思自己有没有需要改进的地方，正向引导孩子在未来做得更好，而不要总揪着一个错误批评、指责甚至打骂。这一连串的动作下来，孩子就会知道矛盾不可怕，遇到矛盾是可以有更优选的处理办法的。

还需要提醒父母一件事，就是在发生矛盾的过程中，不管是不是孩子做错了，一定要给他发声的权利。不能动不动就吼孩子“你给我闭嘴”，或是“都这样了，你还有脸说”，让孩子关闭亲子沟通之门的，往往就是父母自己。

最后需要说明的是，家长的格局决定孩子格局的下线。

也就是说，言传身教是最有效的格局教育。

当孩子与朋友发生矛盾时，父母要理性解决，与孩子一同分析，并引导孩子站在自己的角度上反思，做到宽以待人，严以律己。

当孩子考试失利时，父母要客观对待，帮助孩子找到并补牢知识的漏洞，而不是一味地关注分数与排名。

当父母在与老师进行沟通时，一定不要把自己当作老师工作的裁判员，这是全国教育创新百所名校之一——史家小学的老校长卓立先生在采访中告诉我的。他说："这样做的家长格局就太小了，也非常容易把这种负面情绪传递给孩子。"

格局小的人，目光短浅，总执着于蝇头小利，个人发展的瓶颈来得非常之早；而那些格局较大的人，做事能着眼于未来，思维活跃，更容易链接身边的资源，触摸更广阔的世界。

格局决定思维和行为，格局也能决定态度和高度。若把人生比喻成打仗，格局将直接影响我们最终的胜利。从现在起，训练孩子从更高的视野、更全方位的角度做出决策，就是我们给孩子最佳的人生起跑线。

**福妈方法论**

1.孩子有归属感，才会有意愿去拥抱这个世界，和他人建立联系。

2.有意识地引导孩子尊重和关心他人，培养集体意识。

3.注意培养孩子的边界感，帮助孩子习得在和别人的交往中，如何不委屈自己，如何让他人感到被尊重。

# S 协同思维

## 孩子吃独食、我行我素怎么办?

很多家长都看过孩子上课时候的情景，课堂之上，书声琅琅，老师在讲台上授课，孩子们在课堂中学习，画面看起来非常和谐有序，令人心生欣慰。铃声响起，老师宣布下课，每一位孩子的“个性”开始鲜明起来，有的依然安静地坐在座位上看书，有的三五成群一起玩游戏，还有的争着抢着玩同一个玩具，经常因为玩耍的顺序、次数等争吵起来。为什么孩子们在课上与课后的反差这么大呢？为什么每一个孩子之间的表现差别又这么大呢？其实，是因为在课堂之上，老师制订了标准，将所有的孩子都协调了起来，“听老师的话”是每一个孩子在课堂上都知道的“规则”，可在课后时间，每一个孩子都是独立的，就会天然地表现出自己的特质。

在这些特质中，家长们最担忧、老师们最苦恼的就是“熊孩子”，他们非常“自我”，沉浸在自己的世界里，既不亲近外人也不与他人分享。因为孩子有着自己熟悉的安全界限和安全领域，非常依赖亲人，这些都是孩童心理发展的正常过程。但如果在童年时，家长和学校对孩子的“拒绝扩大活动范围，拒绝与他人相处合作”没有正确指引，有些孩子会随着成长，逐渐被贴上“内向”“自闭”“难以相处”“不会团队协作”等标签。那我们应该如何帮助孩子们解决这个成长中的烦恼呢？公认有效的解决办法是，帮助孩子建立协同思维。

“协同”，可以简单地理解为与别人合作完成一个任务。我们可能在生活中很少使用这个词语，但协同合作的事情在我们的生活中是无处不在的，比如一家人一起出行旅游，和朋友策划一场聚会，等等。现代企业非常强调协同能力的重要性，企业不但希望普通员工完成同级别的协同合作，更希望员工和上级领导也能协同合作，共同完成重大项目的落地。

但在生活中，有些父母甚至都做不好和孩子的有效协同。有一次我和哼哼参与了一个亲子绘画活动，我们面对面坐下，两张白色的A4纸分别放在我们面前，主题很简单：表达彼此的愿望，然后分别替对方画出愿望，时间是一个小时。开始的时候，每一位家长都笑了，对成年人来说，绘画太简单，不需要浪费1个小时。但20分钟左右，老师们开始微笑了，因为父母根本不清楚孩子表达的意思，孩子也听不懂父母想要的是什么。有些性急的父母按捺不住想吼孩子，也有好动的孩子不愿意配合，很多父母都急得满头大汗。主办方邀请来一对父子，作为对照组。我们能看到，这对父子可以很好地理解对方所表达出来的意思，最后的作品也非常符合愿望的雏形。那时候我才意识到，人与人之间的协作差距竟然如此之大。

协作能力并不像学历或者技能那样，有证书这类明码标价的价值体现。但据科学家观察，在生活中可以取得较大成就的优秀人才（高于父辈给予机遇资源的成就）都非常擅于协作，他们能够将自己的优势与他人的优势很好地结合起来，创造出更高的价值。在生活中，我们也的确更加喜欢可以快速融入群体的人，而不是那些只安静沉浸在自己的世界或者特立独行的人。在工作环境当中，可以迅速融入一个新环境并且能够在这个新环境中充当领袖，以及带领大家一起活动或打拼业绩的人，也非常地受欢迎，这就体现了协同思维带来的优势。

不论何人，不论是在学校里还是在职场中，协作能力的高低在某种程度上代表了个人竞争力的高低。而拥有协作思维的人，肉眼可见其具有管理者和领袖的潜质。协同能力强的人，还具备较高水平的沟通能力，能将自己的人际关系维护得其乐融融。具备协同能力的人还具有高度的开放性，能够在最大程度上发挥出自己的优势，链接更多具有不同优势能力的人，不断吸收与积蓄能量，在下一个机会到来之时依然能够大显身手。

那么，我们应该如何帮助孩子建立协同思维呢？

**一是设置家庭演练场景，让孩子了解协作的过程。**

家庭氛围作为孩子发展的第一环境，尤为重要。我们要意识到，父母与家中的长辈是离孩子最近的亲人，是孩子第一信任的人。只有我们和孩子能够正常协作，才能教导孩子去和外人友好协作。

当一个项目的参与人数在两人及以上时，就已经产生团队协作的条件了。我们可以从孩子3岁起就开始让孩子帮助父母承担一些力所能及的家务。对孩子来说，这样的行动既满足了他们社交游戏的需求，让他们感到获得信任，又潜移默化地培养了孩子的协作能力。比如带孩子一起做饭。对学龄前孩子，爸爸妈妈可以一边讲述做饭的过程与步骤（煮米饭、洗菜、切菜、炒菜等），一边在进行到各个具体步骤的时候直接告诉孩子需要他帮助的部分（比如，洗菜），同时要指导孩子需要做到的程度和最终完成的时间。在孩子洗菜的过程中，可能会出现洗菜的种类、数量、先后顺序等问题，爸爸妈妈要及时与孩子沟通，以解决这些问题。至此，就能让孩子感受到一个良好、完整的协作过程。

如果孩子大一些，父母可以考虑让孩子明确协作的规则，主导协作的进行。秩序和规则是协作的基础，挑战规则会产生问题

表明意愿

↓

界定心中的标准

↓

寻找解决方案

↓

达成协同

和冲突，而孩子往往只明白自己想要什么东西，却很难做到遵守规则。由孩子创设规则的好处是，他们会自发地思考如何去解决问题与冲突，更有利于构建属于孩子自身的协作机制。

**二是邀请邻居和亲朋好友的小孩一起玩耍，让孩子熟悉协作的规则。**

美国杜克大学曾有研究，孩子天然了解与他人协作会带来好处；然而，孩子也天生不想与他人分享自己拥有的东西，领地意识极强。所以家长在为孩子准备协作演练的前提，是要关注孩子的意愿。让孩子拥有自己的小伙伴，在熟悉的环境开展协作演练，让孩子邀请自己的小伙伴来家里玩，陪同孩子们演练情景游戏。

当团队协作演练的条件成熟，可以由孩子决定游戏项目，让孩子自己设定合作机制与规则，家长在旁引导协助。比如，孩子决定玩合作搭建积木，家长务必让孩子梳理自己心中的意愿（表明各自考虑搭建模型的样子、搭建的先后顺序等），明确团队的标准（搭建积木是合作双赢，让孩子考虑成功搭建积木需要的条件，以及需要每一位成员遵守什么规则），最后陪同孩子开始游戏。有了家长的陪同与监督，孩子们就能更好地遵守并执行自己定下的规则。搭积木的过程中，孩子可能会出现情绪化的表现，如破坏积木搭建、打乱积木搭建顺序等问题，此时家长应旁观孩子应对问题的表现，若孩子持续争吵，家长应施以外力，让孩子明白放弃协作项目会造成的后果。孩子明白这个后果之后，家长应给予孩子们空间，让孩子们商量寻找解决方案，最后达成协同。

**三是在孩子的兴趣基础上，巩固发展孩子的协同思维。**

孩子在成长的过程中，对所有事物都抱以万分期待，然而能在兴趣方面开出特长的花朵，仍需要时间与磨炼。巩固孩子的协同思维同样如此，需要孩子不断练习，才能在遇到问题的时候，能第一时间作出反应——用合适的方法去解决问题。为了塑造一个长时间需要集体协作的氛围，父母可以为孩子报足球、篮球等需要团队合作的兴趣班。在这种环境中，每一位学生都有自己要担负的责任。因为哼哼在学足球，所以我以足球来举例，有人担任前锋，负责进球；也有人担任后卫，负责防守和抢截对方的足球；还有人是中场，负责同时联系前锋与后卫，将球控制在自己团队手上，等等。一个团队协作拼出来的成绩，是整个团队的集体分，只有每个队员在自己的岗位发挥出最大的能力，这个团队才有胜利的可能。哼哼也因此学会了协作的技巧，感受到和队友互相配合才能取得胜利的体验。在团队协作过程中，还可能会出现种种不可预知的问题，比如某个队友掉链子，造成团队失去关键得分。此时孩子也能运用同理心，耐心对待队友，还能多多练习在协作沟通时对他人的尊重、妥协、宽容以及如何用良好的心态去应对出现的问题。

著名教育家阿德勒曾说：一个小孩若没学过与人合作，我们不能期望他在需要合作的工作中表现良好。生命中任何问题的解决都需要合作的能力；任何困难的征服，都必须是在人类社会的框架之中，并增加人类幸福。希望每一个人都可以与他人合作愉快。

**福妈方法论**

1.设置家庭演练场景，让孩子了解协作的过程。

2.邀请邻居和亲朋好友的小孩一起玩耍，让孩子熟悉协作的规则。

3.在孩子的兴趣基础上，巩固发展孩子的协同思维。

STANFORD

# S 领导力思维

## 如何协调他人共同达成目标？

美式教育认为，每个孩子都应该具备领导力。纽约的幼儿园在筛选生源的时候，有一项非常重要的评判标准就是“领导力”。其具体考查方式是，将候选人宝宝与一些年龄稍大的孩子放在一起，看哪个候选人宝宝能吸引大孩子带着他一起玩。其实，这就是在侧面考查幼儿协调他人能力的高低，而协调他人的能力，正是领导力中不可缺少的一环。

但是在很多中国父母看来，领导力是针对成年人的，对孩子来讲并不重要，也不会刻意培养孩子的领导力思维，其实不然。在我的童年，生活的主旋律就是学习。我的妈妈认为，当班干部非常浪费时间，于是我几乎没有参与组织过集体活动。可当我脱离校园，真正开始和世界链接的时候，才发现领导力的重要性。

缺乏领导力的我，在团队中是非常忐忑的，以至于后来我需要在工作中、在就读MBA时主动参与团队的事务来弥补幼年时领导力训练的不足，在这个过程中体验如何协同他人，如何承担更多可能跟我并没有什么直接关系的“工作”。但是，后期的弥补所付出的成本极其高昂。如果在小时候就能够在集体中体验这样的经历，我当时所付出的努力将会小得多。所以，请父母不要把孩子在集体中承担责任当成一件麻烦事，也不要把社会实践与学习成绩对立起来，而应把它看作一个孩子参与世界的机会。

我们对领导力往往有一个迷思，认为领导力就是“当领导的能力”，只要发号施令、控制别人完成目标即可。但是，现在人们所倡导的领导力，更倾向于在倾听、尊重个体的基础上，高效协调各方资源，共同推进项目向前发展的能力。领导力并不是扁平单一的，它包含很多细分素质，比如协作能力、沟通能力、解决问题的能力，冷静持重、积极乐观的心态，愿意分享的精神，等等。

我们能看到，在这个快速迭代的社会，单兵作战的方式已经行不通了，团队协作是唯一能够通往高处的通道。所以几乎所有的岗位都会要求应聘者具备一定的领导力，我们不仅要向下管理，更要向上管理，甚至连刚入职的员工在统筹自己手头的项目时，都要向上协调领导、向外协调各平行部门。具备领导力思维已是大势所趋，我们与其被动接受，不如主动站起来面对挑战。

而一个具备领导力的孩子，一定具备强大的人格魅力，能够吸引志同道合的人共同完成一项事业，在未来的竞争中脱颖而出。

那么，我们应该怎样培养孩子的领导力思维呢？

我认为，帮助孩子建立自信心是一个大前提。

自信心代表孩子对自我价值的肯定，是孩子发展领导力最基本的要求。没有任何一个人愿意接受被一个优柔寡断的人领导。一个连自己都不信任的人，是无法协同、领导他人的。但我们要明确的一点是，自信心绝非自傲，需要孩子对自己的个人能力、品德、个性有客观认知。

让孩子心理上具有安全感，是一个很好的培养孩子的自信心的方式。在日常生活中，父母可以经常给予孩子充满爱意的眼神与抚摸，鼓励孩子勇敢尝试并多多肯定他的独特之处。

帮助孩子建立自信心的另一种方式是，鼓励表达。在家庭教育中，父母要经常性地鼓励孩子表达自己的观点和想法、提出自己的需求并且寻找合适的帮助。同时，父母也要用心倾听孩子的表达，并及时给予鼓励，真正做到与孩子平等对话。这样，孩子才有信心在课堂上、集体中表达意见。

每个孩子都拥有自己的过人之处。父母要告诉孩子在恰当的时机发挥出自己的长处，帮助团队解决难题。勇于表现出个人能力的人更能得到他人的信赖与支持。

打好自信心的心理基础之后，父母可以使用“领导力阶梯训练三步法”，根据孩子的年龄和能力，有计划性地提升孩子的领导力思维。

**第一步，鼓励孩子通过社交游戏学会协调合作。**

孩子在3~4岁时，天然热衷社交游戏。在社交集体活动中，能够站在他人的角度，说服对方做出对集体有益的决策，就是领导力思维的外在表现形式。在社交游戏中，有很多需要孩子们共谋解决的问题：比如游戏的选择、游戏规则的制订，等等。父母要善于观察孩子在游戏中所承担的角色，并进行相应的指导，让孩子更好地融入集体之中。

在孩子再大一点儿时，父母还可以尝试让孩子牵头组织一场小活动，协调其他家庭成员的职责与进度，可以是爷爷奶奶的生日会，也可以是一场公园野餐。在活动开始之前，可以举行“动员大会”（可以采取老师讲课的形式，让孩子站在其他家庭成员的对面），提醒孩子倾听家人的意见与看法，明确本次活动的目标，从而锻炼孩子的胆量、逻辑思维能力和公众演讲能力。

在这个过程中，也要注意引导孩子根据其他家庭成员的特长分配工作，并提醒他注意各项工作的进度与时间节点，以确保活动的完成。

**第二步，鼓励孩子多多参加集体性的竞技性运动。**

这既能帮助孩子克服胜负心，也能帮助孩子培养很好的团队归属和荣誉感。足球、篮球都是非常好的选择。如果孩子比较喜静，参加合唱团也是一种很好的方式。

**第三步，鼓励孩子在学校活动中主动担责。**

主动性是表示孩子具有领导力思维的火焰，历史上的伟大领袖一定是敢于争先的。美国儿童领导力研究和实践领域的领军人物艾伦·尼尔森博士也曾在《儿童领导力》一书中写道："领导力是一个过程，是帮助人们团结在一起完成个人无法完成的事情，而领导者就是让这个过程发生的人。"只有主动，才有可能成为引领者。一个具备领导力思维的孩子，一定具有高度的主动性，愿意奉献自己的时间与精力去达成目标，愿意主动去承担责任。

在上学之后，孩子们经过一段时间的持续积累，已经初具了扎实的协同合作能力和不断进步的领导力。在这时，父母要鼓励孩子去主动承担责任，引领和协调同学们共同解决遇到的问题。若是孩子主动提出做一件事情，父母要及时地给予鼓励和帮助。如果孩子本身感兴趣，父母还可以鼓励孩子担任班长、体育委员、兴趣小组组长等角色，在真实的世界中实践并发展自己的领导能力。不要因为怕影响学习，就不让孩子承担班级事务。未来社会考验的一定是孩子的综合能力。学校的情况相对于一个家庭来讲复杂得多，因为不同思维、不同能力的个体也更多，能把他们协调在一起完成目标，也是孩子的领导能力获得进阶的标志。

在这里，我们设想几种孩子在领导同学们进行协作时可能会出现的情况，并针对性地提出解决方案。当孩子认为其他同学不具备承担责任的相应能力而不想放权时，父母要告诉孩子尊重并相信队友，和同学们一起进步；当孩子因为与其他同学意见不合而闷闷不乐时，父母要告诫孩子不能冲动，要正确地表达自己、仔细分析问题并积极与同学沟通，找到解决问题的办法。

领导力的构建无关乎性别、性格、地位，它是后天打造出的具有前瞻性的综合能力。主动承担，解决困难，不断反思，不断奋进，不做个人的英雄，只做成就众人的领袖！

**福妈方法论**

1.帮助孩子建立自信心。

2.鼓励孩子通过社交游戏学会协调合作。

3.鼓励孩子多多参加集体性的竞技性运动。

4.鼓励孩子在学校活动中主动担责。

STANFORD

# S 竞争思维

## 孩子输不起怎么办？

有很多父母在后台给我留言说，自己的孩子“输不起”。玩剪刀石头布这种简单的游戏时输了，直接就不高兴了；下围棋时输了，会把棋盘上的棋子一推，耍赖不承认自己输了；玩集体游戏时输了，还会埋怨队友不给力。

孩子在一场比赛中失败，又或者是没有达到自我期望，产生挫败感是非常正常的事情。这意味着孩子的自我认知与现实世界是存在差距的，确实会让他感到不舒服。而怎样面对和消解这种不舒服的感觉，就取决于孩子具有怎样的竞争思维。

我们通常认为，竞争思维是个体对外界活动做出的积极、不甘落后的心理反应，正面且必要。但我们更要明确的是，竞争思维中最重要的不是每次都赢，而是不怕输，是输了之后还能再来一次的勇气。

拥有良好竞争思维的人，通常具有积极向上的竞争态度，勇于挑战自我、非常勇敢和自信。而没有竞争思维的人，比较缺乏进取心，有点儿类似于现在说的“佛系青年”。还有另一个极端，就是竞争意识过度的人，他们很容易“输不起”——输了就容易钻进牛角尖，眼里只有胜负和对手，一旦失败就很容易崩溃。

作为父母，我们一定要引导孩子建立良好的竞争思维。

一个人若想获得持久的进步，就需要学会互利共赢的良性竞争思维，保持勇争第一的信念和勇往直前的精神。父母要注意两个前提：

第一个前提是，教育孩子不能什么事情都拿来跟别人作比较。比如，不竞争身高、长相、肤色等先天条件，也不竞争家庭条件、父母身份等非自己所能掌控的客观因素。

第二个前提是家长自己要“输得起”。达尔文说：“物竞天择，适者生存。”社会也有达尔文主义，只要个体依然生活于社会环境之中，那么他就必然会感受到竞争的压力，无论是主动还是被动。而在我们国家因为人口众多，竞争的压力会更大一些。受外界环境的影响，父母总是会下意识地把自己的孩子和别人的孩子进行对比，小时候比谁的个子高、考得好、拿的奖状多，长大了比谁的工作体面、收入高、找的对象好。但我认为，这种拿其他孩子跟自己孩子进行比较的做法是非常错误的。这种比较忽略了孩子的先天优势、成长环境等个体差异，会使孩子的发展受到局限。如果孩子输了，就会失去一部分自信心；如果孩子赢了，就会认为自己一定要比别人强，容易产生自负的心态。这种比较还会让孩子把自己的精力集中到输了的方面上来，影响到其他能力的发展。然而我们都知道，没有人能够一直赢下去，只有不计较一城一池的得失，遭遇滑铁卢仍继续战斗，笑到最后才是赢家。

那么，父母该怎样引导，帮助孩子在竞争中既输得起也赢得起呢？我认为，父母要先做到“一个不要”，然后再保证“一个引导”。

**“一个不要”：不要在孩子失败后，打击孩子的信心。**

有的父母比较急躁，看到试卷之后心里不高兴，嘴上就会口不择言：“你怎么这么笨，这么简单的题都答不对！”还有的家长善用激将法，就算心里并不是特别在意事情的结果，也会故意把情况说得很严重：“你看看你，这点小事儿都做不好，长大了还能干好啥？”本来孩子就很沮丧和内疚，这样一来，孩子的心理负担变得更重，产生抵触情绪。最好的办法是，父母能够站出来现身说法，比如，妈妈今晚把菜烧焦了，但是没关系，妈妈会继续根据菜谱改进；家里的厕所坏了，爸爸怎么也修不好，但是没关系，我们可以请专门的人来修理，爸爸的长处在于修理电器，等等。让孩子了解遭遇失败是人生的常态，但是失败也是通往成功的必由之路。

在这里，我要提醒各位父母，不但要注意自己的言语表达，也要控制住自己的情绪。孩子是非常敏感的，他们能够迅速捕捉到家长情绪背后的含义。如果孩子成功你就开心，孩子失败你就失落，那这种情绪也会影响孩子，他会要求自己要一直赢下去。父母最应该告诉孩子的是：就算你什么都不会，妈妈也爱你。

**“一个引导”：引导孩子欣赏他人的闪光点。**

父母可以告诉孩子，生命中出现一些人，在某些方面的能力强于我们是非常正常的事情，我们可以选择向他们学习，不断让自己进步，但是绝不能犯小心眼儿的坏毛病。只有胸襟开阔的人，才能拓展自己的边界，同时获得对方的尊重。我们可以借助绘本《输不起的莎莉》给孩子阐释这个道理，这本书我曾经给哼哼读过很多次，她非常喜欢。这本绘本的核心内容是，在学校排队都要抢争第一位的莎莉，如何通过体育活动学会应对失利的故事。它能够教会父母如何鼓励孩子更加努力，通过改变或者重新评估目标，在逆境中坚持不懈。

让孩子多参与竞争类游戏，或者集体体育活动，是我在其他章节里也反复提及的。让孩子在其中亲身体验，是真的可以多多感知成功与失败，明白所谓的结果也只是人生旅途中的过程。在竞争的过程中，孩子们需要尊重公平的赛制，不要寄希望于通过投机取巧的方式获得胜利，只要尽自己最大的努力，而不强求比赛的结果，这就是所谓的“尽人事，知天命”。

哼哼一直在踢足球，她是队里年龄最小，也是唯一的一个女孩子。有一次比赛，哼哼一直抢不到足球，下场后急得直哭。这就是因为孩子具备竞争思维，但是自己实际的表现没有达到内心的要求，所以难受了。我紧紧抱住她：“哼哼，你已经表现得非常好了，一直在努力。但其实，输才是人生的常态。失败的意义在于帮助我们找到自己需要进步的方向，这次你抢不到球的原因是因为你太小啦，我们好好吃饭，让身体更加强壮，下一次我们会做得更好，对不对？”

为了让孩子能够在竞争中获得更好的成长，父母还需要想办法降低孩子的挫败感。在玩围棋这类一对一的游戏时，孩子的精力相对集中，一心一意就是为了赢得胜利，不巧输了的时候没有队友帮他分担失败的压力，自然情绪反应会激烈一些。世上没有两片完全相同的叶子，每个孩子天生的抗挫折能力也都不太一样。如果目前孩子的抗挫折能力还比较弱，我们可以先带孩子多玩踢足球、打篮球这样的群体类游戏，利用队友的存在稀释孩子的挫败感。有些孩子好胜心比较强，对自己要求很高，即使是自己所在的团队赢得了比赛，可是他觉得自己并没有发挥太大的作用时，他依然会有些许挫败感。父母在这时一定要及时捕捉到孩子内心的小情绪，可以什么都不用说，只是紧紧地抱住他，相信我，孩子的情绪一定会得到平复。

一位著名主持人曾经说过：“不但要教孩子如何去赢，更要教会他们如何漂亮地输。”竞争不是人生的最终目的，只是我们通往成功的手段之一。人这一生，不如放下得失心，自我精进，纵情向前，直至寻找到真正的自己。

**福妈方法论**

1.不要在孩子失败后，打击孩子的信心。

2.引导孩子欣赏他人的闪光点。

# S 信用思维

## 为什么越被信任的孩子越幸福？

很多父母给我留言问我：孩子在家偷偷玩爷爷奶奶的手机，问了还不承认，怎么办？或者是考试成绩不佳就说试卷丢了，怎么办？或者是借了其他小朋友书就不想还了，怎么办？承诺做完作业再出门玩，但是一直拖着不写，也偷偷跑出去玩，怎么办？或者是怕父母责怪，偷偷吃糖怎么办？还有的孩子不惜撒谎也不愿意承认自己的错误，不能诚恳地向别人道歉，怎么办？甚至还有的父母来问自己孩子会在学习上欺骗自己，抄别人作业，考试作弊，怎么办？这些都是让父母很头疼的问题，问多了管狠了怕给孩子造成心理阴影，不闻不问又怕孩子的品质出问题。

其实隐瞒、撒谎、失信的种种情况不仅会在孩子身上发生，成人也一样会遭遇这些问题。各位想想，如果下面这几件事发生在你身上，你会作何感受呢?

跟朋友约好见面时间，可对方迟到了半个小时，不仅浪费了你的时间还影响了你之后的安排；和同事各自分工，共同完成一个项目，但总会有人掉链子，影响整个团队的进程；领导批评团队，本来是负责人的问题，他却把责任推到别人身上……以上种种，都是个体不具备信用思维的表现，他们往往认为在一件小事情上失约或者偶尔有一次失约行为都是无关紧要的，殊不知这样的行为发生多次，别人已经暗暗给他们降了分，将他们划入了“以后尽量不与他们共事了”的清单之列。

守信是一个人最基本的修养，也是待人接物中最基本的道德准则。信用是人与人之间的社交货币，更是合作的底层协议。古人常说，诚信是金，我深以为然。自古以来，信用一直是强关系熟人社会的基本契约，也是弱关系陌生协作社会的隐形货币。在工作中，只有按时完成工作任务的人才能更得到领导的青睐，有机会承担更多的责任；在生活中，也只有按时还款至信用卡才不会上征信黑名单，及时还款还会提高自己在金融领域的信用度；罗永浩在直播带货的过程中，诚信待客，因为供应商的供货质量问题，不仅要求供应商退全款，而且自己公司补贴同等现金赔偿用户损失，被网友疯狂点赞；如果你有使用闲鱼App的习惯，你还会发现，和别人发生交易的条件之一就是芝麻信用值需要达到极好的评价。

信用是自己履行承诺后得到的别人对自己的信任，是在多次博弈过程中，长期积累下来的诚信值。我们知道，信用的“信”是会意字，把“信”字拆开来看，可以分成“人”与“言”两个部分，字面解释就是人言为信的意思。信用是人的立身之本，既需要我们遵守“君子一言，驷马难追”的承诺，也要求我们有“言必信，行必果”的行动力。

随着通信技术与通信设备的发展，人与人之间的连接变得越来越强，个体本来的面貌变得越来越透明，信用思维的作用也史无前例地被放大。实际上，守信的效用被放大的同时，失信的风险也被无限放大。著名心理学家马斯洛曾经研究了大量著名人物的健康个性特征，总结出具备信用的人，才更能获得世俗意义上的成就。当代心理学界普遍认为，人的幸福感很多时候是来自他人的信任感。也就是说，如果我们一生常常不被人信任，我们的人生是很难有幸福感的。所以，从小培养孩子的信用思维，显得愈发重要起来。

在寻找培养孩子信用思维的办法之前，我们先来分析一下儿童常见的、不守信用的原因。理解孩子失信行为背后的逻辑，我们才能真正有效地引导孩子克服失信行为习惯，成为诚实守信的孩子。

**1. 模仿父母的行为。**

孩子不是天生就不守信用，但孩子非常擅于模仿别人的行为。

有的家长常常在孩子面前做出不诚信的事情。和其他家庭约好周末一起去公园野餐，可是工作日实在太辛苦，周末只想在家里好好休息。于是拿起电话："不好意思，我周末还要加班，这次野餐我们一家就不参与了，实在抱歉。"撂下电话回过身来，却发现孩子好奇、探究的眼神——我是不是也可以撒谎呢?

还有的家长要求孩子遵守承诺，可是自己却一再对孩子失约。究其本质原因，是从心里缺乏对孩子作为一个独立个体的充分尊重，认为孩子是小孩，对自己的孩子说话不算话没什么大不了的。我就曾亲眼见到我的闺蜜在试图通过诱惑性奖励（买玩具）劝孩子早点结束玩耍回家，结果当场被自己7岁的儿子拒绝，理由是"你上次答应给我买的玩具还没买呢！我不相信你！"我当场选择站在了孩子一边，并且询问闺蜜说话不算话的原因。她悄悄告诉我，当时承诺时自己就没有当回事儿。

后来在和抖音粉丝的深入交流中，我逐渐发现父母这样"忽悠"孩子的案例不在少数。可能全世界的父母都对孩子做过下面这件事：

"你要是在期中考试中考到前10名，我就给你买你最想要的平板电脑。"在奖励的诱惑下，孩子好不容易完成了任务，规则却又变了。

"你要是能在期末考试中考到前5名，我再给你买平板电脑。"虽然孩子有点不高兴，但是对父母的做法也只能表示理解，继续埋头苦读，终于完成了目标。

“你怎么总惦记平板电脑呢，好好学习不是你自己应该做的事呀，你以为是为了我吗？等你考上大学再给你买!”父母一而再、再而三地推迟兑现承诺的时间，在孩子的心中其信用逐渐破产，孩子也成为遵守信用的受害者。既然爸爸妈妈都不守信用，那我守信用有什么用呢?

**2. 不清楚解决承诺所需花费的时间，盲目答应对方。**

儿童社会经验不丰富，常常将自己对他人的感情表达放在第一位，遇到别人的请求时，往往会不假思索地答应下来。但因为没有衡量自己的能力，也不能很好地协调时间，所以会出现失信的情况。这在成年人的世界里其实也经常发生，允诺他人时，非常容易，但是自己要么没能力履约，要么故意逃避履约，这都是非常令人生厌的言行。所以老子有云：“夫轻诺必寡信，多易必多难。”意思是，轻易承诺别人的人一定是没有信用的人，经常变卦的人，一定会遇到磨难。

**3. 为了逃避责罚，或者是为了满足自己的其他需求。**

比如，孩子一不小心打碎杯子、一不小心将水洒了是非常正常的事情。当父母恰好比较严厉的时候，孩子就会下意识地选择撒谎这种方式，以逃避父母的责骂。

作为家长，一般不会满足孩子的所有要求。而孩子为了满足自己的愿望，就可能采用撒谎的方式。比如，当身边的小伙伴都拥有了遥控小汽车，孩子会说自己的饭费丢了，跟妈妈再要一份钱，然后自己悄悄买一台遥控小汽车，然后继续撒谎说是跟同学借的。

信用，往大了说，是影响一个人整个人生系统的关键。我有个朋友说，伟大的生意是指某样可以重复贩卖的美德。我想，这美德中一定包括了信用。缺失信用思维的人，当事情发生时总会寻找一大堆理由来宽慰自己的失败，失去很多人生中宝贵的财富：尊重，友情，信任，等等。品格决定命运，童年影响一生。当父母发现孩子不遵守承诺，甚至开始说谎的时候，切记不要说教，不要奖惩，而是要采取恰当的方式，在日常生活里给予孩子信用思维的教育。

形成信用思维表面上看起来非常费劲，坚持下去也很艰难。但是它一旦成为一个人的基础品质，那么将带给人最长远的益处。这么多年来，我见过无数失信的人，发现他们信口雌黄的背后，其实是一种智力缺陷。因为撒谎者和不守信者，始终认为他们可以侥幸蒙混过关，花言巧语找各种理由和借口搪塞，这种把他人当傻子的行为，其实是非常可笑的。

那么，我们作为父母，应该怎么让孩子养成信用思维呢?

**首先，教孩子成为诚实的人。**诚实是信用的基础，这也是我刚才说的，不诚实意味着你可能以为对方没有能力识破你的谎言，所以对所谓的信息不对称抱有幻想，一两次的确可能会蒙混过关，但是长远来看，真相是一定会浮出水面的。所以，让诚实成为孩子的行为底线，那么他们就离真正的守信不远了，因为需要客观地面对现实，面对自身的过失，这个过程是很难受的，但是只有让孩子学会面对自己的真实内心和外部环境，我们才有守信的基础，离开了诚实，守信将是空中楼阁。对自己和对待他人都要学会实事求是，这是最难做到的，也是最重要的。当孩子成为一个真正敢于面对窘境的诚实的孩子，他们就离形成真正的信用思维不远了。

**其次，父母要以身作则，给孩子树立一个遵守信用的好榜样。**遵守日常生活中的规则与底线，就算无人监督时也要自我约束；一诺千金，无论大小，承诺他人的事情绝不反悔。如果之前答应孩子的承诺有没做到的地方，建议父母找个时间，认真地和孩子谈一谈，坦白承认自己的错误，并及时兑现缺失的承诺，表达自己今后一定会做一个守信用的人的态度，希望孩子进行监督。我们要给孩子赋能，相信孩子能够“有样学样”，承担起他自己的责任。越被信任的孩子越能勇于尝试，从而可以提升相应的能力，而越具备相关能力的孩子也越能被信任。

**最后，在孩子发生不遵守信用的行为时，我们不用上纲上线，但是要强制并帮助他完成自己的承诺。**在完成承诺的过程中，孩子会真切感受到自己消耗的时间和精力。下一次向别人允诺时，他就会先在心中思索衡量一番了。

信用是一个真正利己的选择，当然，守信的结果是利他的，因为信用是我和他之间成本最低的合作协议。一个人的信用，反映的是他自身；而一个社会的信用，反映的却是民族的精神素质。对己诚信，对人诚信，心口合一，言行合一，做一个具备信用思维的人，坦坦荡荡过一生，这样的一生，也是幸福的一生。

**福妈方法论**

1.教孩子成为诚实的人。

2.父母要以身作则，给孩子树立一个遵守信用的好榜样。

3.在孩子发生不遵守信用的行为时，要强制并帮助他完成自己的承诺。

CHAPTER 6

# 人生设计力

如何给孩子

未来竞争力

# S 成长型思维

## 孩子总是觉得自己“不行”“什么都做不好”怎么办？

在不少父母给我的留言中有一个共性的问题，就是孩子一遇到困难就往后缩，觉得自己不行，永远做不好、做不对。

比如，写作业的时候，孩子对自己没信心，遇到不会的题，不是问同学要答案，就是让爸爸妈妈帮他想，自己从不动脑子想。说他几句，直接哭给父母看。

再比如，去游乐园玩，遇到有一点挑战性的游戏，就不敢玩儿了，试都不试，就觉得自己肯定赢不了，过不了关。

…………

这样的思维方式其实是一种固定思维，它是完全可以打破的，而突破的关键就在于如何将其转化为成长思维。

固定型思维和成长型思维，是斯坦福大学的心理学家卡罗尔·德韦克教授通过长达数十年的研究而总结出的两种思维模式。

拥有固定型思维的人普遍认为，一个人的性格、智力或者创造力都是天生的，无论自己怎么努力都很难改变，所以害怕尝试新事物所带来的失败感和挫折感，害怕困难，拒绝挑战。正因为如此，个人的发展潜力将会受到极大的限制。而且，一旦失败，这些人就会自怨自艾、一蹶不振。相应地，拥有固定型思维的人总会有这样的消极想法：

我干这件事总是失败！

这件事情我要么能做得很好，要么完全不会！

我遇到困难时想放弃！

我听到批评心里会很抵触！

我只喜欢待在安全区，不喜欢挑战！

我很难接受失败，会因此而沮丧、否定自己！

…………

如果父母拥有这种固定型思维，不仅仅会故步自封，更会在养育孩子的过程中陷入担忧推演。想想我们之所以对孩子的成绩如此敏感，是因为我们的挫败感其实来自对未来的担忧。看到成绩，我们其实已经在推演，孩子老是在考试上失败，他就永远都学不好这门课，分数不行就没有未来了。其实这是一个由自我恐吓而导致全家陷入集体焦虑的过程。

而那些拥有成长型思维的人面对困难，又是怎样思考问题的呢？具备成长型思维的人认为所有的事情都离不开个人的努力，这个世界上充满了各种不断让自己学习和成长的挑战，他们热衷于每一次的新尝试。即便面对失败，他们也会认为自己可以从中吸取教训再次挑战，直到成功。

也就是说，成长型思维的核心是欢迎挑战，拥抱变化。具有成长型思维的人的一些比较典型的想法是：

我下次能把这件事做得更好！

我遇到困难时能够坚持！

在错误中学习，能使我进步！

只要找到方法，我愿意尝试学习任何感兴趣的东西！

别人的成功经验对我来说是启发！

我觉得对待事情的积极态度是最重要的！

我喜欢不断地挑战，它让我有成就感！

…………

其实，成长型思维就是打破思维惰性，勇于挑战自我。孩子作业做错了，会影响他拥有一个成功的人生吗？相信很多父母都已有了答案——不影响。无数的人，比如马云，也不是方方面面都优秀——尽管数学并不出色，但并不影响他成为顶尖的企业家。孩子的不成功可能有非常多的原因，我们不应盯着这一个方面不停地给孩子施压，而在用发展的眼光来看待孩子的成长，这也是成长型思维的表现。

而且，德韦克教授的研究还进一步证实了大部分成功者的思维模式都是属于成长型的，他们对不断学习充满了热情，并坚信自己的潜力是未知的。即便面对危机，他们看到的更多的也是“机”，而不是“危”。

更重要的一点在于，德韦克教授认为，成长型思维是可以从小训练的。而这种训练，要从我们父母自身做起。比如，有些父母看到孩子还不会数数，就固化地认为孩子以后数学成绩会不好。为什么？因为他们天天在把自己的孩子和别的孩子对比参照，而忘记关注在学习过程中能真正唤起自己孩子的兴趣、有正反馈的是什么事情。如果用成长型思维来看，在启蒙阶段算数水平的一时落后并不能代表什么，到了小学毕业很可能就没有什么差别了。不用着急，父母先要有成长型思维，把它看成挑战，认识到世界上所有的事，只要目标明确，有“我就是要把它做好”的决心，一个问题、一个问题地解决，就可以取得一个又一个阶段性的胜利，这就是一种成长性。

说到底，成长型思维的内核就是将人的成长看得比成功更重要，把焦点聚焦在过程而非结果上。这将大大增加孩子全面发挥潜能的机会，让孩子牢牢记住只要努力就会变得更好，更有力量。

面对当下这个不断迭代的社会，我们并不能准确预测我们的孩子未来会面对怎样的机遇和挑战，我们现在认定的成功或者说成功路径，到我们的孩子上阵的时候是否依然行得通。所以，我们对孩子的期许，可以少一些功利的目标，应该帮助孩子在试错中习得不断优化自我成长的方法和路径，而不是仅仅盯着最后的所谓“成功”。比如，虽然学校有分数排名机制，但我们定义的成功，可以不是这次考试考年级第一或者拿100分，而可以是这次的目标是不继续犯马虎的错误。平时孩子考60分，现在考了70分，那就值得庆祝。

全国十佳明星校长、史家胡同小学的终身名誉校长卓立老师曾经告诉我，他的儿子当年升入北京四中的时候，第一次期末考试只考了全班第35名。而卓校长作为经验丰富的教育者，将孩子的成长成才放在首位，非但没有批评孩子，反而开导孩子：四中集中了全北京乃至全国的优秀学生，排名不好很正常，只要自己和自己比就行了。正是在这种成长型思维引领的家庭教育的鼓励下，他的儿子在没有放弃承担学生会事务的情况下，到了高三的时候还进入了年级前十名。这样的例子，恰恰就是成长型思维很好的佐证。

那么，我们父母自身该如何建立成长型思维呢？

**首先，建立成长型思维的关键在于如何面对失败。**失败跟成长是一对孪生兄妹：大部分成长都伴随着失败，没有被失败击垮，就会变得更强大。因此，面对失败不应恐惧，而是要让失败变成有效失败。什么是有效失败呢？就是遇到失败能够总结失败原因，经过一段时间的努力，从哪儿跌倒就从哪儿爬起来，不“躺平”，不退缩，这样的失败就是有效的。就如同攀岩，很少有选手能一次登顶，而是需要从一次次的路线试错中，找到每一步的最佳支点。因此，父母需要跟孩子建立有效失败的复盘机制。我们应该和孩子一起复盘：造成失败的最关键原因是什么？之后应如何避免类似问题的产生？比如，孩子的考试成绩不理想，可以分析一下背后原因是什么。究竟是没有学会，还是态度不认真，不够重视？如果是后者，要解决的就是如何让孩子有驱动力。也许有时复盘会无效，但多复盘，总比一味批评指责更能让孩子成长。

**其次，成长型思维也表现在拥有转换赛道的意识。**有时不要将自己的注意力和眼光仅仅聚焦在一点上，须知“条条大路通罗马”。比如，有父母给孩子报了很多兴趣班，希望孩子能歌善舞，琴棋书画样样精通。这实在是没有必要。如果我们发现在这条路上孩子既没有天赋也没有兴趣，那就不要勉强，而应换个赛道，让孩子在自己有兴趣的擅长的领域里成长。

我们还应当用“长板思维”来找到发展的另一种可能性。比如，现在新兴的电竞行业有些优秀的选手逐渐受到人们的认可，细究他们的成长史，可以说是“学渣的逆袭”。当转换赛道后，在某些方面做到极致，其实可以甩开一般逻辑，完成某个领域的超级成长。

引导孩子形成成长型思维，并非一朝一夕的事情，还需要有切实可行的办法，长期坚持，一以贯之。

**第一，让孩子不轻易否定自己。**英文中，常常用 not yet（尚未）这个词，就是用成长的眼光，告诉孩子事情不是一成不变的，你并没有失败，只是“尚未”成功。比如，孩子尝试拼图遇到困难，我们可以告诉他，你不是学不会拼图，而是“还没有”学会拼图……就事论事，不用过于发散。

**第二，称赞孩子也有“套路”，即表扬孩子努力的过程而非表扬孩子这个人，而且表扬的内容一定要具体。**比如，孩子给我们展示他画的画，不要敷衍地夸奖“你真棒”或是“你画得真好，真不错啊”，而应该看看比以前的画作进步在哪里。比如：涂色比以前均匀了，没有出框；或者构图比以前合理了，没有把所有东西都画得挤在一块儿；等等。说出具体的点，相信孩子会从这些实际的称赞中看到自己应该努力的方向。

成长型思维是自己可以定义自己的目标，不计一城一地的得失。只要孩子有解决问题的想法和动力，每当自己进步一点，就会在不停进步的迭代中成长多一点。

我们无法预知未来是什么样子，所以一定要带着孩子一起去拥抱成长。我们无法推演出孩子能否拥有一个绝对成功的人生，但我们可以推演出他至少能拥有一个健康和幸福的人生，这便是成长型思维之于整个人生的意义。

## 福妈方法论

1.让孩子不轻易否定自己。

2.表扬孩子努力的过程而非表扬孩子这个人，而且表扬的内容一定要具体。

# S 批判性思维
## 孩子轻信、偏执、盲从怎么办？

在孩子还小的时候，有不少父母总是希望孩子“乖乖的”“听话一些”，最好“我说什么他听什么就好了”……可是孩子逐渐长大，父母又希望孩子能够“多有点自己的想法，不要总是人云亦云”。

我们不妨回想一下，通常情况下，当孩子问“为什么”的时候，我们是怎么回答的？或者是，当孩子兴致勃勃地向我们展示自己的“重大发明”的时候，我们又是怎么回应的呢？又或者，孩子开始顶嘴，开始和父母对辩的时候，我们又是怎么做的？

父母是否向孩子不断地表达“按照我说的做就好”“你听着就行”这样的观点？是否很少给孩子抒发自己观点的自由？而且，我们不仅不给孩子对辩的机会，还常常用我们自认为对的观点对孩子进行各种碾压。

实际上，就是在这样一次又一次的拒绝和打击中，父母错失了培养孩子批判性思维的最佳时机，孩子很可能会失去自己思考的能力，甚至连最原始也最宝贵的质疑精神也退化了。所以，我们怎么可能培育出高创造力的孩子？怎么可能让孩子有真正创新的底层力量？因为我们只愿意接受秩序感带来的舒适，根本不接受创新带来的破坏。不接受反叛和破坏，就不可能迎接真正的思辨和批判性思维，也就不可能拥抱真正的创新时代。

所以对于孩子来说，如何有效地培养他们的批判性思维，是我们所有父母需要面对的问题。那么，什么是批判性思维呢？批判性思维，就是让孩子始终保持怀疑的精神，并在此基础上，学会去推测和验证。值得注意的是，批判性思维与本书第一章所讲的科学思维并不完全相同。批判性思维是要求我们提出问题后再推进一步，在推测和分析中得到结果，这种思维方式是科学精神的底层驱动力。培养孩子的批判性思维，相当于鼓励孩子把科学精神落到实处，其重点在于提高孩子的问题解决能力。如果孩子能够从质疑自己获取的信息开始，逐步学会通过分析来寻找漏洞，收集证据，并最终得出自己的结论，他也就正式迈入了独立思考、全面思考的认知境界。

那么，我们父母如何正确地引导和培养孩子的批判性思维呢？

**首先，鼓励孩子学会有质量的提问，是养成批判性思维的关键，也是拥有批判性思维的第一步。**米兰·昆德拉曾经说过“人们的愚蠢来自对每件事都有一个答案，而学习大师的智慧在于对每件事都有一个问题”。不论是我在斯坦福商学院，还是在麦肯锡的时候，批判性思维都是开篇的必修之课。它们都要求我们通过审慎的思考，提出关键问题，因为有效的提问会决定后续的研究方向。不过，父母实际上并不需要着重培养孩子提问题的能力，因为孩子天生是善于提出问题的，在他们探索世界的过程中，总会伴随着无数个奇妙的问题：“1+1为什么等于2？”“太阳为什么在天上？”“草为什么是绿色的？”实际上，今天孩子问的大多数朴素的问题，我们基本上很难准确地回答上来。

面对孩子的“为什么”，父母要做的，不应是烦躁地将孩子一把推开，更不是给出一个模棱两可的答案，而应该是鼓励提问、认真对待。为什么说认真对待而不是给出确切答案呢？因为，越早给孩子封闭的答案，启发孩子思考的过程就会被所谓的标准答案所覆盖。批判性思维最大的敌人就是标准答案。

我的女儿哼哼就是一个小小提问机。在她不到4岁的时候，我给她买了一个不倒翁，她玩的时候向我提问：“不倒翁为什么不会倒呢？”我想了想回答：“因为它重心比较低。”她又问我：“什么是重心呀？”“重心”这个涉及物理学的名词我虽然很好理解，但是当时我很难将这个词“翻译”成让哼哼明白的语言。所以我只好认真告诉她："妈妈也说不清楚，不过如果哼哼以后好好学习物理，就能轻松明白了，到时候你给妈妈讲讲好不好呀？"哼哼欣然接受了我的回答。在孩子的世界中，我们不需要扮演一个全知全能的父母。有时候承认自己的无知，跟孩子一起寻找问题的答案，同样可以保护孩子提出问题的能力。而且，我们在鼓励孩子观察和提问题的同时，还要鼓励孩子表达自己的想法，更要鼓励孩子大胆怀疑大人们给出的答案。我们需要让他们懂得，合理质疑他人的观点，提出自己的见解并不是吵架和争论，而是一种表达自己的不同观点的方式。

很多人说，不只要让孩子提问题，更要提好问题。也有人说，提出一个关键问题是成功的一半。我不否认这两句话的正确性，但这种提出"好问题"和"关键问题"的敏感度从何而来呢？这是过去很多书和教育方法里很少提及的。其实，就是在我们鼓励孩子提问的过程中，通过不停的试错而磨炼出来的。真正的好问题是不加拘束的好奇心以及想要探究事物的本质组合起来的，是不断地提出"傻问题"之后的迭代和重生。

因此，我们不用要求孩子每一个问题都是"好问题"，但也应鼓励孩子经过思考后提出有智慧的问题。真理越辩越明，真正一流的思想者是热衷于思辨的过程的。所以，培养孩子的思辨能力，在孩子还小的时候，我们可以提出一些问题作为示范，让孩子了解什么样的问题可以引导出更高层次的理解和更深刻的答案。而当孩子所给的答案与我们预想的不同时，不要立刻说："错！"而是要把它当作拓宽孩子思路的机会，然后再引导孩子从不同的角度、不同的方向，尝试用不同的思路来寻找答案。

**其次，提出假设是训练批判性思维的重要环节。**我认为，在孩子4岁左右时，可以试着从只鼓励孩子提问题，过渡到鼓励孩子提出假设的阶段。因为当孩子进入4岁之后，思辨能力进入飞速发展时期，能够将不同的事实进行联系，提出的许多问题也有了推理的成分。所以这个阶段的孩子，看起来就特别难对付了，因为他们记忆力好、推理能力开始发展，俨然是小小辩论家，很难被家长随意糊弄了。就如我的女儿哼哼对拒绝给她看手机的阿姨提出"为什么手机明明可以打开密码看网课，却不能打开密码看动画片"的问题，就是一个基于自己推理的判断。怀疑与推测的过程是分不开的，而推测就是要从各种线索当中获取结论。

那么，父母如何让孩子学会收集线索并有效推测呢？我们可以在孩子提出一个问题后，鼓励他自己想想有什么答案。比如当孩子问："为什么白天看不到星星，晚上能看到？"我们可以让孩子自己提出假设："是因为星星在白天不发光吗？""是因为星星和地球一样一直在动，白天转到另外一边了？""是因为白天的太阳光太亮了，看不到星星吗？"如果孩子自己想不到，我们也可以问孩子："你觉得什么时候会看不到一个本来亮亮的东西呢？"通过提问，可以帮助孩子关注到影响结果的线索和因素，也能帮孩子将一条条线索串联起来，为提出假设的下一步——验证，搭好脚手架。

**最后，就是学会验证。**我们都知道，如果只做假设而不付诸行动去验证，那么一切想象都是空中楼阁。虽然行动不是唯一验证的方法，但是我们应当鼓励孩子多行动、多验证，哪怕只是试试看。

我女儿哼哼养了一只蜥蜴当作宠物，蜥蜴渐渐长大后，哼哼想让它出来放风，但我们又不希望它跑得太远太快，失控了找不到了就麻烦了。那么怎么让一只蜥蜴既能从笼子里出来放风，又不至于跑太远呢？哼哼推测，如果使用一些物品在笼子外搭起围墙，就可以实现这个目的了。那么，使用什么物品呢？纸张、玩具、书本、积木？哼哼想，纸张太轻拦不住蜥蜴。玩具堆起来会有很多缝隙，蜥蜴很容易从缝隙里跑出去。书本又太少，很难在笼子外堆出一圈高高的“城墙”。最终，哼哼选择了积木。哼哼把自己的推测付诸行动，结果很成功，蜥蜴没法从这个积木城墙中“越狱”。这个过程中，我女儿哼哼真的是靠实践去验证推理，形成了自己独立完成思考和行动的全过程。一个4岁多的女孩，能做到这一点，真的让我为她感到自豪。

其实，解决问题的方法有无数种，当孩子想到一种的时候，就应该马上鼓励他去试，孩子的动手能力如果不被干扰，是非常强的。所以鼓励孩子用批判性思维来锻炼推理能力，同时还能提升他解决问题的能力。我们应该做的是让孩子对自己的猜测采取行动，在一次次出错或者成功的行动中习得批判性思维方式，以此激励孩子成为解决问题的探索者。

在孩子的成长过程当中，我们作为父母，不能把孩子们本来用以思考的大脑变成储存知识的容器，也不能让他们变成人云亦云的无脑者。每一个孩子应该学会用自己的眼睛和大脑去发现和审视世界，得出自己的判断，发出真实而富有价值的声音。而我们要做的，就是给予他充分的支持，鼓励孩子去发现，去提问，去验证，去拥抱更好的未来。

**福妈方法论**

1.鼓励孩子学会有质量的提问。

2.鼓励孩子提出假设。

3.鼓励孩子多行动，多验证，哪怕只是试试看。

# S 灰度思维

## 孩子“玻璃心”，一受挫折就彻底放弃怎么办？

在和一个朋友聊天的时候，她向我抛出了这样的疑问：“我的孩子什么都好，就是一点儿挫折也受不了。搭积木没拿稳，结果积木塌了，他就大哭着再也不想玩儿了。上次让他帮忙收拾绘本的时候，他没有把绘本放到架子上，我就说了他两句，结果他就嘟着嘴不干了，从那以后，连绘本也不看了……”这位妈妈最后还颇为担忧地问：“我这孩子，怎么这么玻璃心呢？”

这位妈妈遇到的情况，想必很多家庭也都出现过，但我还是想深入采访一下各位有类似问题的孩子的父母：孩子是一时的情绪问题，还是真的就彻底放弃了呢？

如果只是一时的情绪不稳定，那我们应该在耐心安抚孩子之后，拥抱他，告诉他没有关系。但如果孩子总是反复出现这种问题，长时间停留在这种情绪低谷，或者彻底放弃某件事，那么我们应当意识到，这是平时的教育出现了问题，我们让孩子对生活的认知失去了灰度。

什么是灰度呢？灰度是一种介乎黑和白之间的奇特颜色，而拥有灰度思维则是强调对这个世界的认识不要非黑即白，不要非此即彼。当人生失去灰度，轻言放弃、过分脆弱只能算其表征中的一种，还会表现为“狭隘”“自负”“恼羞成怒”和“专横跋扈”等更严重的症状。除此之外，缺乏灰度的人面对变化时，无法用主动的态度去应对，更容易陷入固化思维中。

我在和朋友聊天的时候，谈到了灰度思维，他向我提到了两个词：“偏执”和“执念”。他说：“什么叫执念？什么叫偏执？这两者是有区别的，偏执就是钻牛角尖，执念则说明一个人是有灰度，有弹性的。”我当时有种豁然开朗的感觉。用这两个词来做比较，给了我一个全新视野去寻找灰度思维的解释方法。执念，是一个人心中有蓬勃的生生不息的念头，它给予人的是向上的原动力，即便是没有实现，我们也会把自己放得平和，不至于彻底土崩瓦解。而偏执，很容易一条道走到黑，把自己的弦绷得太紧，失去弹性，从而崩溃。还有儒家经典的中庸思想，某种程度上也体现出灰度思维。尽管现在很多人会曲解“中庸”为处事圆滑、老于世故，但其实并非如此，中庸是一种平和、不偏激、有弹性的状态。

于我而言，灰度就是有弹性。为什么这么说呢？试想一下，一根坚硬的钢条，如果给它施加一定的压力，它的形态势必会发生改变，或者弯曲变形，或者出现豁口，甚至于彻底被折断。可是如果用同样的材质制作出的弹簧，它就可以将压力承受住，等压力消去的时候，弹簧会反弹回去，形态很可能不会发生变化。这种能够承受压力、消解压力的方式，就是我很喜欢的有灰度的处世态度。有的人把自己打造成了一根看似坚不可摧的钢条，总是秉持着一种很“硬”的态度，就很容易被一点小事摧垮。想想那些因为一句口角就要和别人斗个你死我活的人，或者因为别人的一两句批评指责就彻底一蹶不振的人……有句老话叫作“峣峣者易折，皎皎者易污”。不得不说，这是非常有道理的。

对于孩子而言也是如此，如果在小的时候，父母没有向他输入用灰度思维看事情的观念，孩子免不了会钻牛角尖，那在成人后也会很容易把自己逼迫太过，让自己陷入绝境。那么，在家庭环境中，我们能够给孩子怎样的帮助，从而让他拥有灰度思维呢？

我有两方面的思考可以分享给父母。

**其一，接受多样性。**

这意味着要让孩子接受更多的变化，拓展他对多元可能性的认知。我是“80后”，我们这代人往往是在按照系统设置的目标在升级打怪，很多人对世界的认知容易走向非黑即白和简单粗暴。我认为只有看到更大的世界，认识到了更多的可能性，才有可能在理解世界的复杂的同时不迷失自我，才能更好地驾驭世界的灰色，形成自己的灰度。

现如今是多元价值的世界，我们更要给孩子看到世界更多的可能，给孩子一些多元价值的输入。就拿看绘本来说，我非常乐于用绘本来向哼哼展现万千世界，丰富她的认知，滋润她的心灵。

比如，给孩子看科普类的绘本，让他了解、亲近科学；给孩子看认知类的绘本，让他学会理解世界的万事万物……我们还可以通过绘本，培育孩子对不同的美的认知，而绘本中各种奇妙的故事，同样是孩子想象、创造的沃土。

**其二，认知自己，保留自己的特色。**

拥有灰度思维的人应该是个什么样子呢？有一种人格划分方法，把人分为洋葱型人格和牛油果型人格。洋葱型人格的人剥到最后是空心的，而牛油果型人格的人虽然外在绵软，但内里是坚硬的。我认为，牛油果型的人就是拥有灰度思维的人。他们的外在是绵软的，能将承受的压力很好地消解掉，同时内核是坚固的，能给自己以稳定的支撑。这个内核是非常重要的。只有充分了解自己、接纳自己，才有可能形成这种牛油果式的内在，在面对多变的现实时，仍然能回归到自己本心，不至于轻易被外界的力量击倒。

因此，要培育孩子的灰度思维，并非让他随波逐流，而是让他在成长的过程中，面对世界的多变要有一定的认知能力，但同时要保持自己的特色。

父母可以先让孩子了解自己的特色在哪儿，孩子能够清楚地认知自己，才能更好地接纳他人和世界。

我推荐《奇先生妙小姐》这套绘本，它通过对不同角色的夸张化演绎，充分表现了每一个角色的特点。我们可以通过这套绘本，让孩子学着了解自身特点，明白“我和别人的不同之处在哪儿”。

还有“哈巴狗皮哥”系列里的《独角兽西尔玛》一书中，有一匹一心想成为独角兽的马。通过这个绘本，我们可以让孩子学着接纳自己的不同。

除此之外，还有《我不是熊》《食人鱼不吃香蕉》等绘本，都可以帮助孩子有效认知自我，接纳自我，同时坚定自我。

培养孩子的灰度思维，同样是培养孩子在寻找创造性的解决问题的方法，在非A即B的选择中，找到通往C选项的道路，这条道路往往不会遍布荆棘，也不需要我们与世界碰撞得头破血流，仅仅需要我们站得高，看得远，同时也要保有初心，坚持自我。这样，在人生之海上才既不会轻易放弃航行，也不至于驶向一条失控的航线。

**福妈方法论**

1.让孩子接受更多的变化，拓展他对多元可能性的认知。

2.引导孩子认知自己，保留自己的特色。

# S 理性思维

## 孩子动不动就大喊大叫、大哭大闹怎么办？

不少家长总是和我诉苦，说养育孩子最大的挑战，就是很多时候他们容易“不受控”：

很多道理，讲的时候孩子似乎是听明白了，可是一转头，行为上依旧我行我素；

遇上不顺心、不如意的事，孩子情绪一上来就容易大喊大叫，大哭大闹；

有时太开心了，孩子也容易忘乎所以。

…………

在解决孩子这些司空见惯的情绪问题之前，我想解释一下情绪的产生。

人接收到信息后，有两条通路可以将信息传递给大脑。一条短通路直接由丘脑传递至杏仁核，一条长通路由丘脑经过扣带回，再经过额叶等各区域的相应皮质层，最后传递至杏仁核。这条短通路，因为携带信息少，传递速度比较快，但相应地，通过短通路处理信息，情绪反应会很强烈。而长通路，因为携带信息多，对信息的加工和处理也更为精细，情绪反应相对会弱一些。在心理学中，短通路被称为“情绪脑”，而长通路被称为“理性脑”。

要知道，额叶这个推理分析信息的大脑区域发展非常缓慢，一直到25岁才会完全发育成熟。因此，年纪越小的孩子，越易于通过短通路处理信息，会表现为强烈情绪化的状态，无法及时调整情绪，做出思考判断。我们应该意识到，孩子出现情绪化问题是非常正常的表现。

诚然，孩子在成长过程中，从身体到心智各方面发育还不成熟，我们无法时时刻刻以成年人的标准来要求他管理好自己的情绪，但我们也不能对他的情绪问题听之任之。怎么办呢？这就需要在日常生活中，引导孩子用理性思维来看待问题，不要被极端的情绪左右。

理性思维，简单来说，就是通过个人感知、综合分析、全面概括来建立对事物的认识。它不是感性思维的对立面，而是一种升华。如果孩子的种种情绪化表现是停留在感性层面的话，那么理性思维就是让孩子认识到自己的情绪，学会和自己的情绪相处。理性思维是一种高级思维，它的外延比逻辑思维更广，甚至可以说，逻辑思维只是一种让思维最终通向理性内核的工具。

孩子在生长发育的过程中，多用“情绪脑”来思考问题，是可以理解的。但是，孩子总发脾气还有另一个因素，就是大脑中的镜像神经元。镜像神经元可以帮助我们对他人的行为做出反应，让我们学会模仿他人的行为动作。正因如此，我们的文化得以传承，我们的创造得以延续。可是，镜像神经元并不完全是完美的，比如我们做出不好的情绪化行为，那孩子就很可能会有样学样。但是，如果我们能够情绪平稳，使用理性思维来思考，那么孩子也会试着模仿，控制自己的情绪。

下面，我有两点思考分享给父母，让我们的理性思考成为孩子学习模仿的榜样。

**首先，日常生活中，成为“镇定的第二只小鸡”，做孩子的情绪稳定器。**

“镇定的第二只小鸡”是我在《游戏力》这本书中收获的一个非常有价值的观点。这是什么意思呢？当遇到敌情，比如老鹰飞过来，小鸡会躺下来装死，等险情过去再起来，但是有快有慢。哪些小鸡起来得快呢？通过对比实验，可以发现小鸡起来的速度跟周边环境有关系。如果旁边有其他的小鸡已经开始镇定自如地走来走去，那它起来的速度要快很多；如果它周围的小鸡全都还在装死，它会在非常长的时间内保持“挺尸”状态。

孩子也是一样，我们就是他的参照系。当他崩溃的时候，如果我们也崩溃，局面就会益发失控；如果他崩溃的时候，我们表现得镇定自若，以温和而坚定的态度给他拥抱鼓励，情绪始终是平稳的，就能很快安抚孩子。我给孩子选择幼儿园老师时，也会观察老师的情绪如何，是否稳定，能否给孩子稳定的支撑。

**其次，面对突发事件，父母要有转变情绪的意识。**

我在一本书中看过这样一个例子：全家去游泳，有一个小女孩差点溺死了，她的外公眼疾手快，一下子将她从水里托举出来。孩子惊魂未定，在她恢复的过程中，如果这个时候所有人都是情绪崩溃的状态，在关切地嘘寒问暖，孩子肯定就会哭个没完没了。而这个时候，她外公的反应非常值得称赞，外公为她鼓掌，说“干得真好”，一下子给了她很强的正能量反馈，没有让孩子产生更多的负面情绪，也没有让孩子对游泳这件事产生害怕。

我还有一个自己的例子分享给大家。在我很小的时候，去拿杯子倒水，结果人小拿不稳，不小心将桌子上的杯子打碎了。我妈妈看到了这一幕，她立刻火冒三丈地批评我，对于当时的我来说，这是一个非常可怕的信号，甚至在很长一段时间我都不敢主动倒水。直到现在，我都还记得当时害怕的心情。

现在我也成为一个妈妈，如果女儿哼哼打碎了杯子，我会先忍耐住自己的情绪，先判断孩子是否是故意的，打碎东西的原因是什么，而不是直接斥责孩子。

面对突发事件，于父母而言，我们最好的方式就是及时转变情绪，不要任由害怕、愤怒等负面情绪蔓延。那么孩子即便做错了事情，也不会觉得“天塌了”，而是愿意用一种更积极的方式来应对。

当作为父母的我们能够熟练将自己置于理性思维的指导下生活，那孩子也就能在一个个实际场景中感受到运用理性思维的魅力。

有情绪并不可怕，但我们也需要用理性思维之光指导自己的言行，做孩子身边的稳定器，我们会发现，孩子将不再“不可理喻”。孩子的成长需要时间，我们要包容他、理解他，指导他在漫漫人生路上昂首前行。

**福妈方法论**

1.日常生活中，父母要做孩子的情绪稳定器。

2.面对突发事件，父母要有转变情绪的意识。

# S 逆向思维

## 孩子怎样才能更加有效地养成良好习惯，培养各种技能？

很多父母在直播间向我留言时会问道，孩子写作业特别磨蹭怎么办？前段时间，有个爸爸的解决方案真的让我“眼前一亮”。

这个爸爸给我留言说：他的孩子原先也不愿意写作业，总是需要大人轮流去催，后来他干脆另辟蹊径，跟孩子说：“我来帮你写作业，你只要来检查就行了，可以吗？”

读到这里，大家是不是觉得这个爸爸有点儿“不像话”？

但其实，他的做法是蕴含深意的。听到爸爸的话，孩子多半会高高兴兴答应。但是呢，我们可以把作业做错，让孩子检查出错误，教我们怎么解题。

也就是说，如果想要检验孩子学习的效果怎么样，不要总是追着问他听懂了没有，而是可以让他当小老师，我们做学生，让他来给我们讲讲自己学到的知识……

这种方法，就是我要讲到的逆向思维。

逆向思维是什么呢?

其实，逆向思维是突破常见的既定观点，从相反的方向来深入思考问题的一种思维方式。小时候我们都听过司马光砸缸救人的故事，这就是逆向思维的典型例子。同样，我还看过这样一个故事：一个小孩子轻松把一副复杂的地图拼图拼好了，大人看见以后吃惊不已。后来才发现，拼图背面有一个简单的笑脸。孩子很难拼出正面的地图，但拼出背面的笑脸却容易多了。这也是逆向思维的巧妙之处。

运用逆向思维，换个角度，很可能让问题迎刃而解，有意想不到的收获。同样一件事，用这种方法不行，换一种方法效果却非常好。这种事情在生活中比比皆是。比如，一家工厂，一开始是工人围着机器和零件转，忙来忙去不说，效率也极其低下，后来改善工序，让人不动，零件动，这样一来，效率大大提高，后来还发展出了流水线作业。所以说，换个角度逆向思考，会让很多本来复杂的事情变得简单。

在育儿方面，如果父母也试着使用逆向思维的思考方式，在引导孩子养成良好习惯上，可能会事半功倍。我将这个方法总结为“结果推导行为规则”法。

什么是“结果推导行为规则”法呢？我们可以用日本环境为什么如此干净来解释。日本环境为什么干净呢？如果从正向思维来看，大家可能会觉得，这是因为日本人有爱护环境的理念，很少乱扔垃圾，环境因此十分整洁。

但其实，是因为日本为了避免创造垃圾，马路上的垃圾桶非常少，往往行人走了很久的路都难以找到垃圾桶，扔垃圾是一件有难度的事情。人们在觉得把垃圾扔到垃圾桶比较困难时，就会尽可能地少制造垃圾，或是自备垃圾袋，把自己产生的垃圾带回家，环境也就越来越干净了。这就很好地说明了“结果推导行为规则”法的奥妙之处。

在引导孩子养成好习惯的时候，有的父母可能会好声好气地用语言督促，有的可能会用物质奖励引导。但用语言督促往往得不到很好的效果，说得多了还会让孩子形成叛逆心理；用物质奖励孩子，孩子的目的往往就变成了想方设法拿奖励……如果换成逆向思维，我们可以试着不把自身变成孩子自由选择的对抗力量，而是由孩子做选择，并且让他承担自己选择的后果，这样也许能收获更好的效果。

我特别推荐《淘气包明一》系列绘本，里面有许多描写实际生活中运用逆向思维的例子，可以给我们不少启发。明一不愿意吃青菜，每次吃饭，都会把青菜留到最后，即便是吃，也是百般不情愿。明一的妈妈想让他多吃一口青菜，真的是“难于登天”。后来呢，明一的妈妈干脆让明一不要吃青菜，看看会怎么样。明一试了几天之后，肚子越来越胀，越来越不舒服，竟然开始主动要求吃青菜了。

这种方法真的有用吗？因为哼哼也不爱吃青菜，我也试过很多办法，可苦口婆心的说教哼哼也不听，各种“正向思维”的办法用尽了之后，我决定试一试明一妈妈的办法，不再催着哼哼吃青菜，而是和她达成了一个约定：“你可以一周不吃青菜，我们来看看结果怎么样吧？”于是，哼哼真的坚持了一周不吃青菜，只吃肉。头一两天她很开心，可到了后面开始不消化，放屁很臭，屉屉也拉不出来，最后牙床也肿了。从这次之后，哼哼再也不只吃肉而不吃青菜了，并且一旦她觉得身体不舒服，就跟我说：“妈妈我要吃青菜！”

孩子想做的事情，只要没有安全方面的危险，父母可以给孩子亲身体验的机会。如果孩子从中得到了小经验甚至教训，一定比父母唠叨一万句还有用。放手让孩子去承担自己选择的后果，反而可以让他清楚地认识到自己的选择是错误的，从而校正自己的行为。

但在此过程中，有两点父母要注意。

第一，我们父母要做好一把尺子，掌握好放手让孩子选择的度，比如我觉得让哼哼一周不吃青菜，对她的身体不会造成特别不好的影响，可能造成的后果也是在承受范围之内的。第二，我们和孩子达成的约定，一定要孩子自愿，而不能逼迫他。我们应和孩子不停地交流、沟通，了解他的想法，而不要一直说教，才能达到更好的教育效果。

除此之外，我们也应培养孩子用逆向思维的方式去解决生活中的问题。

对孩子的教育，我们应该开放视野，不应单纯把逆向思维归为“倒因为果”或者“倒果为因”，如果一味地追求“倒过来看问题”，反而会缩窄看问题的视角，适得其反。记住，逆向思维是面对一种问题的时候，有意识去寻求多种解法，而不要追求唯一的标准答案。

那么，培养孩子多角度看世界的逆向思维，父母应该怎么做呢？我有两个具体方法：不设限法和故事重构法。

首先是不设限法。不设限法非常简单，就是在面对同一个问题时，看谁找出的解决方法多。这种方法可以轻松让孩子释放出自己天马行空的想象力。我的女儿哼哼在幼儿园玩过这样的一种思维游戏：老师让孩子们玩搭积木游戏，先拿出一张有桥或房子等建筑的图片，让孩子们用自己手头的材料搭建出类似的建筑。然后每过五分钟便完全推倒重来，用相同的材料不断推翻再创造，不断找出新的思路。这种不设限的创造方式，父母在日常生活中也可以使用，面对同一个问题，让孩子想想看有没有其他的解决方法，是不是更有创意，解决起来更方便快捷。这样，孩子的思维愈发开放，所思所想也会愈发广阔。

其次是故事重构法。平时，我们可以选择一些孩子喜欢的童话或寓言，引导他们从不同的或者比较少见的角度，重新构想一个故事的结局，让他们意识到事物具有许多不同的方面，有助于他们克服单向思维，提高思维水平，增加思维活力。

培养和训练孩子逆向思维能力，并不只是为了让他们能在今后的学习中突破瓶颈，得到提升，更是要帮助孩子们在为人处世中打破枷锁，学会独立思考，与这个世界产生更多可能的联结。

**福妈方法论**

1.不设限法：就是在面对同一个问题时，让孩子想想还有没有其他的解决办法。

2.故事重构法：选择一些孩子喜欢的童话或寓言，引导他们从不同的或者一个比较少见的角度，重新构想一个故事的结局。

# S 概率思维

## 孩子如何能减少犯错，最大限度复制成功？

日常生活中，我们大部分时间都面临着大大小小的选择，也在帮孩子做着这样那样的选择：

孩子几岁开始上早教兴趣班比较好？要学些什么呢？

为孩子选择在国内上学，还是送出国留学？

孩子以后是考研深造，还是大学毕业以后就步入社会工作？

…………

人生路上有很多分叉路，尤其在重要的人生分水岭的确需要谨慎选择。我们小心翼翼，反复纠结，也是希望减少选错的风险，增加成功的概率。无论家境好坏，做父母的都天然有着强烈的避险情结，希望自己的孩子一路顺遂，直线通向成功。曾经有个教育行业的投资人兴致勃勃地找我聊过，希望建立一支研究团队为自己和朋友们的孩子服务，专门研究哪类课外班、哪些兴趣班组合更容易让孩子脱颖而出，少走弯路。我听完哈哈大笑——您连兴趣班选择的弯路都想提前给孩子避开，孩子未来成长中的容错性在哪呢？将来又怎么面对挫折呢？

很多爸爸妈妈在给我的私信中问过这样的问题：你是如何进入麦肯锡的？你的成功可否复制？

尽管我并不认为我一定是成功的，且复制我走过的道路又有多少可能性，但我希望能把自己的个人经历讲述出来，供各位参考。

在前面的章节中，我介绍过自己的经历：高考的时候，我没有考上梦想的北大清华。当时，我面临的选择是复读一年或者调剂到其他也算不错的学校。我认为把高中的知识再重新学习一遍对我而言是一种对生命的浪费。我一定不要回头，而是往前走。因此，我没有选择复读，而是下定决心去读一所北京或者上海的大学。这是在人生的一个重要节点，我做出的第一个重大选择。

而后，我的大学专业选择了商科。当时，我没有只专注于本专业的学习，而是在闲暇时间读了很多哲学书，甚至还跑去清华旁听了不少数学课程。与此同时，我没有“安分守己”地将自己的社交范围局限在学校里，而是选择扩大自己的社交半径，多和人交朋友，多见世面。我也没有只是埋头学习，而是努力申请到了国务院发展中心的发展研究奖学金。

毕业前，在同学们纷纷享受起毕业前最轻松的时光时，我并没有停下脚步，努力争取到了一个去外企实习的机会。在那里，我不仅锻炼了外语能力，更重要的是学习了外企分析判断的思维模式。这次实习，对我看待事物、看待自己的方式大有裨益。毕业后，我用一份有大量外企实习经验，以及有充分学术能力佐证的非常漂亮的简历，敲开了麦肯锡的大门。

表面上看，我是一个被“幸运”选择的人，但其实，我是有选择地重塑自我，也是在一次又一次的选择中，找到了通往麦肯锡的道路。

其实，每个人的人生道路都是独一无二的，并不存在可以完全“复制”的上升路径，我也并不能肯定地说，走到现在我的每一个选择都是“成功”的。但我愿意分享这些成长过程中的经验，是想告诉每一位家长，想要准确计算每一步的输赢，完全是一厢情愿。让孩子聚焦每一个当下，尽情投入每一个当下，有勇气做出选择，选择之后倾尽全力往前走，不回头，才是真正提升成功概率的最好选择。

这里，还有一件我认为非常重要的事，那就是在选择之余，要让孩子从心出发。

我选择进入麦肯锡，以及从麦肯锡分析师到“斯坦福妈妈”的转身，都属于听从了内心的声音。

选择进入麦肯锡，是因为它满足了我想看世界的诉求。我对麦肯锡有诸多好奇：如何在商业的世界里解决问题？如何增长更多关于世界的见闻？如何让自己看待问题能有更全面的视角？麦肯锡甚至能够让我字面意义地“看见世界”——它可以提供给我许多在世界范围内旅行的机会。因此，我毫不犹豫地把它作为自己毕业后进入职场的首选。

而选择去斯坦福大学深造，是因为我想去看看斯坦福里那些别人口中的“奇怪的人”是怎么读书的，我想要尽情释放天性，去创造更多的可能。尽管在当时，麦肯锡和哈佛大学有着非常棒的合作关系，每年都会有大约10个人能去哈佛进修。如果是遵从概率来做选择，去哈佛会更容易，但是对于我个人而言，斯坦福始终是我的首选，因为这是一条“从心”的选择。

我的概率思维，是“做好选择”和“从心出发”。那么，在养育孩子的过程中，该如何运用概率思维来帮助孩子收获一个更好的未来呢?

简单来说，是要通过可控性来降低不确定性，提升在不确定性中的胜率。

比如，可以通过分散投资的手段，也就是不把鸡蛋放在一个篮子里，让孩子自由发展，让他在更广阔的维度上去找准自己的定位，说不定会有“东方不亮西方亮”的惊喜。如果孩子喜欢写作，同时理科成绩也不错，就不要早早给他灌输“想当作家不是一个好选择，会很清贫” “学好数理化，走遍天下都不怕”这样有偏向性的观念，而可以试试用两条腿走路，让时间来告诉孩子答案。

又如，不要把我们的喜好强加在孩子身上，而是尊重孩子的选择，让孩子从心出发，我们来做他的旁观者和助推者。让孩子用发自内心的热爱而不是一味的坚持，来提高事情的胜率。我们可以做的有很多，比如不对孩子的兴趣选择做太多限制，给孩子的兴趣选择不要太功利。哪一个选择是孩子当下能付出努力或者能拼尽全力的，就让他去做哪一个。我不认为任何一对父母能够预判孩子的未来会怎么样，但是我们可以把握的是当下孩子是否享受去做这件事。只有孩子有兴趣并愿意为之付出，才可能会有未来。

再如，“把握当下”永远是最好的概率算法。在很多岔路口，既然选择了一条路走下去，也就无法知道选择另一条路的结果，我们其实并不知道这条路是不是百分之百选对了。但是，我们仍然要满怀信心地走下去，因为我们能把握的只有自己，而在现在时点上的投入度决定了未来的胜率。因此，当踏踏实实把现在的事情做到极致，也许事情没有按我们预设的路径发展，但可能会生出一个我们无法预期的更好的旁支。冥冥之中，世界另有算法。

除此之外，我们还应理性看待事情成败的概率，在尽己所能的同时，坦然接受黑天鹅事件。如果事情没有按照预想的情况发展，我们也应和孩子共同面对，降低预期，寻找其他出路。

我们可以试着去计算未来，但仍应始终对未来充满敬畏，而不要妄图从当下控制未来。和孩子一起把握现在，拼尽全力，他的未来自然会以我们意想不到的路径展开。这，就是对未来最好的算法。

**福妈方法论**

1.让孩子自由发展，让他在更广阔的维度上去找准自己的定位。

2.不要把我们的喜好强加在孩子身上，而是尊重孩子的选择。

3.和孩子一起"把握当下"永远是最好的概率算法。

# 出版后记

写这篇后记的时候，“福妈”的新书《斯坦福妈妈多元思维启蒙》即将付梓，从2019年开始策划这本书的时候我就在想，我们的家庭教育里，真正的短板是什么？是经济上的贫困，还是时间的稀缺，是父母的认知，还是学校和社会的整体环境问题。做出版和做教育20年来，我观察无数成功的家庭教育案例后发现，我们的孩子能走向所谓的幸福和成功之路的关键，跟我之前思考的好像都不太一样。万维钢老师曾经说过，决定一个学校的教学质量的其实不是老师的教学能力，而是这个学校孩子家长对自身的要求。所以反观我们的家庭教育，真正限制我们发展的其实是思维的贫困。

什么叫思维的贫困呢？说白了，幸福和成功与否的关键，是我们和我们的孩子，能否有足够丰富的工具箱去解决生活中遇到的各种问题。当我们的认知和思维方式处于贫困状态的时候，也就说明我们的工具箱是匮乏的。所以，在家庭教育中有无尽的无法解决的问题，孩子的成长也暗藏着无数风险。这种风险等孩子长大之后暴露出来，也就大概率意味着一生的失败。

当我听到斯坦福妈妈的故事，她的成长经历，2017年到2019年这几年她经历了生活种种的暴击，从跌入人生最低谷，到走出职业和人生的“第二曲线”，更让我坚定地相信，那些战胜了厄运，我们以为的幸运的成功者，其实并不是他们命好，也不是简单的天道酬勤，而是他们的人生里，暗藏着他们有效的“人生算法”。没有人可以注定幸福和成功，但是我们完全可以通过思维方式的塑造去降低失败和不幸的概率，当这种概率大规模跑赢大盘的时候，优秀、卓越、幸运、成功……可能就是这些底层多元思维的副产品而已。

帮助福妈从令人崩溃的谷底迈出第一步的，表面上看是她对女儿的责任、女儿带给她的安慰，但想深一层，是她受训多年、已经内化成一种底层算法的多元思维方式——无论是早年的成长经历，还是麦肯锡、斯坦福的有效训练让她绝地反击，冲破困境，重开人生新境界。

所以我们能够看到一个饱受生活暴击的人，不但没有颓丧地接受可能江河日下的中年境遇，反而在2019年初，让我们看到了重生之后在短视频平台上崛起的“斯坦福妈妈”。从“如何让孩子形象地认识时间”“孩子不喜欢刷牙怎么办？”这些基本的问题出发，赢得了无数人的欢迎，在互联网的世界里，福妈和千千万的有困惑的妈妈一起去面对生活和教育的困境，从阅读中找到了思维的力量。

虽然成为如今百万父母认可的福妈只是机缘巧合，但她始终都怀抱着一颗为天下父母排忧解难的心。在她和很多爸爸妈妈的沟通过程中，发现自己给出的育儿建议，诸如“孩子的专注力不强应该读什么绘本”“怎么锻炼孩子的逻辑思考能力”“孩子总是大哭大闹怎么办”等，都能够给其他父母不少帮助。在她自己看来，再正常不过的所谓办法和方案，在别人心中都成了解决教育问题的利器。所以我们更有理由把这些思维背后的系统性知识挖掘出来，呈现给父母。实际上，在养育孩子的道路上，我们并非独行者，大家遇到的问题其实都高度相似，妈妈们在直播间问过千万遍的问题，是不是可以用这本书中的思维启蒙方式来帮助大家解决。所以我就和福妈一起思考，孩子教育的问题永远层出不穷，怎么能从底层解决这些问题呢？而我们又该养出什么样的孩子，才能在未来具备竞争的优势呢？

要回答这两个问题并非易事，我们遇到的孩子的问题可能相同，但解决办法却无法同一，因为很可能这种方法这个孩子适用，但其他的孩子却吃不消或者并非最优解。我们反复思考后认为，无论如何，我们为孩子赋能的方式，远远不止上最贵的早教班、买科技感最强的玩具……能够结合孩子成长的问题，给出面向未来的教养方案，才是对父母真正有价值、有帮助的建议。但我们在市面上查找大量的出版物后发现，实际上用思维方式塑造这个系统方法来解决家教问题的书真的没有，但是它太重要了。所以，我们就一起头脑风暴，经过无数次的讨论，做出了今天呈现给您的图书大纲，然后我们又日复一日地敦促百忙之中的福妈动笔，将她人生经历中珍贵的思考展现给大家，将她如何一点点从低谷中走出来的心路呈现出来，还有她养育女儿哼哼时有用的办法……用一本书和一门课的方式回答所有直播间提问里藏着的深层次的问题。

一年左右的写作修改，反反复复，我们也几乎把繁忙的她逼向了崩溃的边缘，但是，强者总是可以在高压下，用自己彪悍的思维方式找到解决问题的办法。所以今天您看到的这本书，就是她埋下头沉淀下来，把她自己的所知所想用一种科学的，能够经得住时间和实践检验的方式呈现出来的；也是她经过无数个不眠之夜，竭尽所能地将抽象的高阶经验和可靠理论为父母抽丝剥茧，用最容易理解的方式阐释出来。

这套书+课形态的图书实际上就是一套教育产品，这里面提炼出了28种最能让孩子具备竞争优势的底层多元思维能力。而且，这些思维能力绝不是“空中楼阁”，而是切实可以帮助我们父母从根源解决孩子的成长“痛点”。比如，当孩子塑造出内驱力思维之后，我们就不会苦恼于“孩子做事为什么总是三分钟热度”，因为孩子会为自己做一件事找到动力，激励自己坚持下去，根本不用我们在后面逼着、催着；当孩子具备融合思维之后，我们就不会苦恼于“孩子为什么上课听懂了，考试就是做不对”，因为孩子自己会寻找新旧知识的关联，迁移知识，举一反三……我们会发现，原来的那些成长问题不再是问题，孩子的正向成长正在逐步显现！

当然，孩子的养育方式多种多样，这28个思维能力也绝不是用固定的方式，养育出同质化的孩子，而且我们也不是要家长让孩子全部掌握所有的思维方式，并且成为其中高手，我们希望孩子有足够丰富的思维工具箱，不要有明显的思维短板和死角，这样才不会遇到问题一筹莫展。我们精选的这些思维方式最早是源自巴菲特的合伙人查理·芒格，但是与此同时这些思维方式也是全球范围内的精英和顶尖名校、机构对于人才塑造的认知，这些共性的思考方式，一定可以帮助孩子在通向未来的自我实现之路上找到一条捷径，帮助孩子在走入低谷时也能蓬勃向上。这才能真正让孩子站在巨人的肩膀上成长！

帮助孩子打造未来竞争力的优势，这本《斯坦福妈妈多元思维启蒙》，就是我和福妈交给你最诚恳的答卷。希望能真正帮到你。

卢俊<br>2020年7月

# 附录

## 0~6 岁思维成长绘本清单

思维成长绘本清单（0~1岁）

| 书名 | 作者 | 出版社 | 绘本类型 |
|---|---|---|---|
| 视觉训练卡（2盒） | 真果果 著 | 中国人口出版社 | 视觉发育 |
| 恐龙尾巴布书（Jolly baby布书系列） | jollybaby | | 触觉发育 |
| 丛林尾巴布书（Jolly baby布书系列） | jollybaby | | |
| 躲猫猫游戏布书（Jolly baby布书系列） | jollybaby | | |
| Pat the Bunny（3册） | [美]Dorothy Kunhardt 著 | Golden Books | |
| 露露生活习惯养成玩具书系列 | [英]卡米拉 · 里德 著 | 中信出版社 | |
| 0~3岁宝宝全脑开发大书（共4册） | [日] 成田奈绪子 编 | 阳光出版社 | |

## 思维成长绘本清单（2~3岁）

| 书名 | 作者 | 出版社 | 绘本类型 |
|---|---|---|---|
| 我的感觉（8册） | [美]康娜莉亚·莫得·斯贝蔓 著 | 电子工业出版社 | 情绪管理 |
| 我的情绪小怪兽 | [西]安娜·耶纳斯 文/图 | 明天出版社 | |
| 鳄鱼怕怕 牙医怕怕 | [日]五味太郎 著 | 明天出版社 | 生活习惯引导 |
| “小花生”暖心·成长绘本（5册） | [日]广川沙映子 文/图 | 连环画出版社 | |
| 是谁嗯嗯在我头上 | [德]维尔纳·霍尔茨瓦特 著 | 河北教育出版社 | |
| 公主怎么挖鼻屎 | 李卓颖 文/图 | 明天出版社 | |
| 100层的房子（全4册） | [日]岩井俊雄 著 | 北京科学技术出版社 | 认知拓展 |
| 100层的巴士 | [英]麦克·史密斯 作 | 二十一世纪出版社 | |
| 尤斯伯恩看里面·精选珍藏版（共15册） | 英国尤斯伯恩出版公司 | 接力出版社 | |
| 出行安全翻翻书<br>居家安全翻翻书 | 稚子文化 编绘 | 化学工业出版社 | 认知拓展 |
| 汽车嘟嘟嘟（10册） | [日]竹下文子 著 | 接力出版社 | |
| 3只小松鼠（6册） | [日]岩村和朗 著 | 接力出版社 | |
| 宫西达也等等小青蛙系列（4册） | [日]宫西达也 著 | 接力出版社 | |
| 开车出发系列（7册） | [日]间濑直方 文/图 | 二十一世纪出版社 | |
| 英国创意大师尼克互动游戏绘本 | [英]尼克·沙拉特 著 | 接力出版社 | |
| 首先有一个苹果 | 伊东宽 文/图 | 二十一世纪出版社 | 数学启蒙 |
| 学乐数学分级系列（17册） | [美]玛瑞琳·伯恩斯 等 著 | 黑龙江美术出版社 | |
| 我会数一数 | [意]G.曼泰加扎 文 | 未来出版社 | |
| 创意数字 | [美]克里斯托弗·法兰西斯切利 著 | 中国大地出版社 | |

### 思维成长绘本清单（2~3岁）

| 书名 | 作者 | 出版社 | 绘本类型 |
| --- | --- | --- | --- |
| 幼儿园的一天 | [法]萨米尔 · 瑟努斯 著 | 北京科学技术出版社 | 入园准备 |
| 我爱幼儿园（6册） | [法]塞尔日 · 布洛克 著 | 北京科学技术出版社 | |
| 猜猜我有多爱你 | [英]山姆 · 麦克布雷尼 文 | 明天出版社 | 爱和亲情 |
| 我爸爸<br>我妈妈 | [英]安东尼 · 布朗 文/图 | 河北教育出版社 | |
| 魔法亲亲 | [美]奥黛莉 · 潘恩 | 明天出版社 | |
| 羊驼拉玛系列（8册） | [美]安娜 · 杜德尼 著/绘 | 辽宁少年儿童出版社 | 英语启蒙 |
| 我会读古诗 | 权惠娟 选编 | 未来出版社 | 国学文化 |
| 五味太郎思维游戏书（9册） | [日]五味太郎 著 | 北京联合出版公司 | 思维逻辑 |

### 思维成长绘本清单（3~4岁）

| 书名 | 作者 | 出版社 | 绘本类型 |
| --- | --- | --- | --- |
| 牙齿大街的新鲜事 | [德]安娜·鲁斯曼 著 | 北京科学技术出版社 | 生活习惯 |
| 肚子里有个火车站 | [德]安娜·鲁斯曼 著 | 北京科学技术出版社 | |
| 根本就不脏嘛 | [德]玛努艾拉·欧尔特 著 | 长江少年儿童出版社 | |
| 好脏的哈利 | [美]吉恩·蔡恩 著 | 读者出版社 | |
| 憋不住，憋不住，快要憋不住了 | [日]土屋富士夫 文/图 | 贵州人民出版社 | |
| 我不知道我是谁 | [英]乔恩·布莱克 著 | 新星出版社 | 认知自我 |
| 我喜欢我自己 | [美]卡尔森 著 | 河北教育出版社 | |
| 可爱的身体（8册） | [日]七尾纯；小林雅子 著 | 南海出版公司 | |
| 小鸡鸡的故事<br>乳房的故事 | [日]山本直英 著 | 连环画出版社 | |
| 小威向前冲 | [美]尼古拉斯·艾伦 著 | 贵州人民出版社 | |
| 你很快就会长高 | [英]凯特格林威 著 | 长江少年儿童出版社 | |
| 我们的身体 | [法]艾德兰 著 | 乐乐趣 | |
| 儿童自我保护安全教育绘本 | [韩]希望梦想 著 | 化学工业出版社 | |
| 我不跟你走<br>别想欺负我 | [德]达柯玛尔·盖斯勒 著 | 辽宁人民出版社 | |
| 如果你有动物的鼻子（5册） | [美]桑德拉·马克尔 著 | 中信出版社 | 认知世界：科普 |
| 有本事来吃我 | [英]杰克·蒂克尔 著 | 中信出版社 | |
| 动物量身高+动物量体重 | [日]七尾纯 著 | 明天出版社 | |
| 亲亲自然（11册） | [日]久保秀一 著 | 福建少年儿童出版社 | |
| 小崔克学本领（12册） | [英]费利西娅·劳 著 | 北京时代华文书局 | |
| 学乐分级数学（8册） | [美]玛瑞琳·伯恩斯 著 | 黑龙江美术出版社 | 认知世界：数学启蒙 |
| 喜欢5的公主 | [日]立本伦子 著 | 现代出版社 | |

## 思维成长绘本清单（3~4岁）

| 书名 | 作者 | 出版社 | 绘本类型 |
| --- | --- | --- | --- |
| 爷爷的爷爷的爷爷的爷爷 | [日]长谷川义史 文/图 | 贵州人民出版社 | 认知世界：逻辑能力与想象力 |
| 如何给一只猛犸象洗澡 | [英]米歇尔·罗宾逊 著 | 郑州大学出版社 | |
| 女巫温妮 | [澳]瓦莱丽·托马斯 著 | 外语教学与研究出版社 | |
| 动物妙想国（8册） | [英]卡米·德·拉·贝杜瓦耶 著 | 海豚传媒 | 认知世界：逻辑能力与想象力 |
| 千万不要跟着恐龙走 | [南非]亚历克斯·拉蒂默 著 | 重庆出版社 | |
| 鸭子骑车记 | [美]大卫·香农 著 | 新星出版社 | |
| 爷爷变成了幽灵 | [丹麦]金·弗珀兹·艾克松 著 | 长江少年儿童出版社 | 认知世界：生命教育 |
| 活了100万次的猫 | [日]佐野洋子 著 | 接力出版社 | |
| 獾的礼物 | [英]苏珊·华莱 文/图 | 明天出版社 | |
| 点 | [加]彼德·雷诺兹 文/图 | 北京联合出版有限公司 | 品格价值观培养 |
| 味儿 | [加]彼德·雷诺兹 文/图 | 新星出版社 | |
| 三只小猪的故事 | [美]乔恩·谢斯卡 著 | 河北教育出版社 | |
| 庆子绘本（4册） | [美]庆子·凯萨兹 文/图 | 贵州人民出版社 | |
| 学会自我保护（6册） | [英]哈德利·格里芬 著 | 海天出版社 | |
| 聪明豆绘本系列 | [英]朱莉娅·唐纳森 著 | 外研社 | |
| 小猪小象系列（5册） | [美]莫·威廉斯 文/图 | 国际文化出版公司 | |
| 5分钟专注力训练迷宫100 | 沐渔文化 著 | 化学工业出版社 | |
| 儿童情绪管理与性格培养绘本 | [美]弗兰克·希洛 著 | 化学工业出版社 | |
| 小兔子学花钱（3册） | [加]辛德斯·麦克劳德 著 | 河南文艺出版社 | |
| 嘻哈农场（11册） | [美]朵琳·克罗宁 著 | 接力出版社 | |
| 宫西达也恐龙套装（7册） | [日]宫西达也 著 | 21世纪出版社 | |

### 思维成长绘本清单（3~4岁）

| 书名 | 作者 | 出版社 | 绘本类型 |
| --- | --- | --- | --- |
| 纸袋公主 | [美]蒙施 著 | 河北教育出版社 | 女孩书 |
| 顽皮公主不出嫁 | [英]芭贝·柯尔 著 | 新星出版社 | |
| 大脚丫跳芭蕾 | [美]埃米·扬 文/图 | 河北教育出版社 | |
| 玛德琳 | [美]贝梅尔曼斯 著 | 河北教育出版社 | 勇气 |
| 胆小鬼威利 | [英]安东尼·布朗 著 | 二十一世纪出版社 | |
| 小保利的大梦想 | [美]詹姆士·帕玛士 著 | 湖南少儿出版社 | |
| 你很快就会长高 | [英]罗素·艾图 著 | 长江少年儿童出版社 | |
| 驴小弟变石头 | [美]威廉·史塔克 著 | 明天出版社 | 亲情 |
| 铃木绘本向日葵系列（5册） | [日]新美南吉 等著 | 河北少儿儿童出版社 | |
| 小熊和最好的爸爸（7册） | [荷]阿兰德·丹姆 著 | 贵州人民出版社 | |
| 世界上最坏的妈妈 | [美]凯特·克利斯 著 | 中信出版社 | |
| 语言表达第一课（4册） | [日]五味太郎 著 | 贵州人民出版社 | 语言表达 |
| 千秋好诗词（4册） | 汤云柯；傅微薇 著 | 海豚出版社 | 传统文化 |

## 思维成长绘本清单（4~5岁）

| 书名 | 作者 | 出版社 | 绘本类型 |
|---|---|---|---|
| 聪明豆绘本系列（6册） | [英]朱莉娅·唐纳森 著 | 外语教学与研究出版社 | 故事 |
| 奇先生妙小姐（83册） | [英]罗杰·哈格里维斯 著 | 人民邮电出版社 | |
| 贝贝熊系列（30册） | [美]斯坦·博丹；简·博丹 著 | 新疆青少年出版社 | |
| 小猪小象系列 | [美]莫·威廉斯 文/图 | 北京联合出版公司 | |
| 宫西达也恐龙系列 | [日]宫西达也 著 | 21世纪出版社 | 情感和多元价值 |
| 庆子绘本（4册） | [美]庆子·凯萨兹 文/图 | 贵州人民出版社 | |
| 《神奇校车》图画版（12册） | [美]乔安娜·柯尔 著 | 贵州人民出版社 | 科普 |
| 尤斯伯恩你问我答怎么样（4册） | 英国尤斯伯恩出版公司 | 接力出版社 | |
| 《尤斯伯恩看里面》低幼版（10册） | 英国尤斯伯恩出版公司 | 接力出版社 | |
| 最美的法布尔昆虫记（12册） | [法]法布尔；[日]小林清之介；松岗达英 著 | 新星出版社 | |
| 不一样的卡梅拉（12册） | [法]克利斯提昂·约里波瓦 著 | 21世纪出版社 | 童话 |
| 女巫温妮 | [澳]瓦莱丽·托马斯 著 | 外语教学与研究出版社 | |
| 普通人改变世界（10册） | [美]布拉德·梅尔泽 著 | 辽宁少年儿童出版社 | 名人传记 |
| 贝贝熊系列（30册） | [美]斯坦·博丹；简·博丹 著 | 新疆少儿出版社 | 双语阅读 |